大展好書　好書大展
品嘗好書　冠群可期

大展好書　好書大展
品嘗好書・冠群可期

目　錄

弧圈球技術

弧圈球的起源及其發展 …………………… 8

弧圈球的技術原理 ………………………… 18

一、上旋球與弧圈球 ……………………… 18

二、飛行弧線 ……………………………… 19

三、反彈特點 ……………………………… 20

弧圈球技術的種類及其特點 ……………… 22

一、正手加轉弧圈球 ……………………… 22

二、正手前沖弧圈球 ……………………… 25

三、側旋弧圈球 …………………………… 25

四、反手弧圈球 …………………………… 30

如何掌握弧圈球技術 ……………………… 33

一、弧圈球技術動作要領 ………………… 33

二、弧圈球技術的練習方法 ……………… 36

（一）初級階段的練習方法 …………… 36

（二）練習的注意事項 ……………… 37

（三）易犯錯誤與糾正方法 …………… 37

（四）鞏固提高階段的練習方法 ………… 38

應對弧圈球的技術 ………………… 47

一、近臺快攻打法應對弧圈球的技術 ………… 47

二、弧圈型打法應對弧圈球的技術 ………… 52

三、削攻打法應對弧圈球的技術 ………… 52

應對弧圈球的戰術 ………………… 55

一、近臺快攻應對弧圈球的戰術 ………… 55

二、弧圈打法應對弧圈球的戰術 ………… 60

三、削球打法應對弧圈球的戰術 ………… 63

臺內球技術

什麼是臺內球 ………………………… 66

臺內球技術的發展 …………………… 68

臺內球技術的實用性 ………………… 71

一、過渡球技術上的合理運用 ………… 71

二、掌握控制與反控制的主動權 ………… 72

三、積極開發比賽中的攻擊點 ……………………… 75

臺內球的技術要素 …………………………………… 77

一、落點意識的建立 ………………………………… 77
二、旋轉的變化 ……………………………………… 79
三、力量的調節 ……………………………………… 80
四、提高擊球速度的要點 …………………………… 81
五、控制弧線的關鍵 ………………………………… 82

臺內球技術動作要領 ………………………………… 84

一、搓 ………………………………………………… 84
二、擺 ………………………………………………… 88
三、切 ………………………………………………… 91
四、擰 ………………………………………………… 91
五、點 ………………………………………………… 96
六、挑 ………………………………………………… 99
七、撇 ………………………………………………… 102
八、劈 ………………………………………………… 102
九、晃接 ……………………………………………… 107

臺內球技術的練習方法 ……………………………… 111

一、初學階段 ………………………………………… 111
二、提高與鞏固階段 ………………………………… 112
三、練習方法 ………………………………………… 113

四、練習的注意事項 ·············· 114

臺內球技術的重要性及在比賽中的運用 ······ 116

一、臺內球技術的積極主動性 ·········· 116

二、臺內球技術的運用 ············ 118

（一）發短球技術 ············ 118

（二）臺內球的擊長與回短 ········ 119

（三）前三板後的臺內球銜接 ······· 121

弧圈球技術

弧圈球的起源及其發展

20 世紀 50 年代末，日本有位叫中西義治的大學生，他是左手直握球拍的進攻型運動員。在全日本大學生乒乓球比賽中，中西屢次輸給橫握球拍、以削球為主的另一位大學生澀谷五郎。於是，他就時刻揣摩著，怎樣提高自己的技術水準不輸球？如何能使澀谷君的削球失誤或打出高球？

在實踐中，中西嘗試在回擊球時加力提拉，但結果並不理想，要嘛將球拉出界，要嘛就是下網。同時總結多次比賽失敗的教訓，琢磨怎樣才能拉出既有強力的旋轉的球，又不至於把球拉出界。

在一次練習中，中西偶然發現擊球時如能壓住球拍，使拍面前傾近乎垂直地向上猛拉，擦擊球的中上部，這樣拉出的球雖然弧線高、速度慢，但上旋力特強，對手一碰球就「飛」，很難用削球來防守，即便能削球回擊，要嘛是球出界，要嘛是削回高球，為對方下一板的進攻提供了機會。

中西領悟了這一技術動作後，在日後的練習和比賽中，不斷有意識地用力向上摩擦，球的弧線越高則上旋力也越強。由此他總結了這一新奇的「新式武器」，並

付諸實施，而且運用這一新技術，第一次打敗了老對手澀谷五郎。

其後在日本全國乒乓球比賽中，凡採用了這一新技術的運動員都取得很好的勝績，日本許多年輕的乒乓球運動員紛紛學習和效仿這一技術。於是當時稱之為「弧圈型上旋球」，即速度和旋轉相結合的進攻技術「弧圈球」這一新技術，終於在 1960 年問世了。

中西義治大概也沒有想到，他創新的這項技術，竟為世界乒壇帶來了一場影響深遠的革命。

1959 年第 25 屆世界乒乓球錦標賽之後，日本乒乓球運動員為了突破中國乒乓球運動員的直拍快攻打法和歐洲各國乒乓球運動員的削球防守技術，大膽使用了具有強力上旋的弧圈球技術而屢屢獲勝。

例如，當時在迎戰世界強隊匈牙利和南斯拉夫兩隊組成的歐洲聯隊的比賽中，他們首先使用了弧圈球技術，並一舉獲得了成功。

匈牙利隊的老將西多、有「削球機器」之稱的別爾切克和南斯拉夫優秀選手沃格林奇、哈蘭戈索等，在日本選手的弧圈球面前顯得一籌莫展，紛紛敗下陣來，驚嘆弧圈球的神奇與威力。

「沒有不透風的牆」。日本人發明了弧圈球的消息不脛而走。1960 年 11 月，匈牙利乒乓球隊來華訪問，我國乒乓球界從匈牙利選手西多那兒偶然聽到這一信息。與此同時，日本的乒乓球雜誌上對弧圈球技術也有

所披露，並揚言日本乒乓球隊因掌握了這一秘密武器，將再度稱霸世界乒壇。

日本乒乓球隊的新動向，引起了備戰第 26 屆世乒賽的東道主中國乒乓球界的高度關注和重視，一方面派人去觀摩日本隊的比賽，另一方面大量搜集有關弧圈球的技術資料，進行分析和研究，並在訓練中進行模擬試驗，使我國直拍快攻型打法的選手如莊則棟、李富榮、徐寅生等，儘快適應弧圈球的技術，應對日本乒乓球隊的嚴峻挑戰。

1961 年春天，第 26 屆世界乒乓球錦標賽在中國首都北京舉行，中國乒乓球選手在與日本乒乓球隊的荻村、星野、三木等選手的比賽中，由於賽前準備充分，中國隊在決賽中以 5 ： 3 戰勝了日本隊，第一次奪得了世錦賽的男子團體冠軍「斯韋思林杯」。

從當時情況看，「弧圈球」雖具有旋轉強、速度快的特點，對削球和快攻構成了較大的威脅，但畢竟還是有其明顯的弱點，即速度慢、弧線高等，因此，也促成了以攻克弧圈球為主的打法類型的出現。事物發展的規律總是這樣，乒乓球運動也不例外。面對弧圈球這支「矛」，由此產生了「盾」，進而推動、完善和豐富乒乓球運動的發展。

自 1952 年以來，日本乒乓球運動員的長抽打法攻破了歐洲選手的削球防線後，世界乒壇的技術優勢開始傾向亞洲。60 年代初崛起的中國乒乓球選手的直拍近臺快

弧圈球與臺內球

10

攻技術，又取代了日本乒壇的霸主地位。

此後歐洲各國的乒乓球運動，在亞洲日本選手的長抽技術和中國乒乓球運動員的近臺快攻技術影響下，長期處在不斷探索和改革之中。他們雖屢遭失敗，但沒有喪失信心和希望，不斷從失敗和挫折中總結經驗教訓，經歷二十年的努力探索和實踐，終於走出了一條適合歐洲選手自身情況的技術發展道路。

即根據歐洲乒乓球運動員身材高大的體形和握拍的特點，「嫁接」了中國選手的快攻及日本選手的弧圈球技術，創造出「以弧圈球為主結合快攻」和「以快攻為主結合弧圈球」這兩種先進技術。

前一種技術是以匈牙利選手克蘭帕爾、約尼爾為代表的以旋轉為主的弧圈球打法；後一種技術則以瑞典選手本格森和捷克選手奧洛夫斯基為代表的以快攻結合弧圈球的打法。

兩種技術的共同特點是：旋轉較強，速度較快，能拉能打，低拉高打，正反手都能用弧圈拉起，回球威脅性較大。他們將弧圈球的旋轉和速度有機地結合起來，派生出許多弧圈球的新技術，使弧圈球技術又發展到一個更高的水準。

1970 年中國乒乓球隊前往瑞典，參加了斯堪的納維亞國際乒乓球公開賽。比賽中中國選手受到了歐洲選手的強勁阻擊。此時的弧圈球技術已經更加成熟和完善。在與匈牙利隊的比賽中，他們以旋轉極強的弧圈球控制

了中國選手的快攻和發球搶攻，結果以 3：2 獲勝。匈牙利隊的勝利震動了整個歐洲乒壇，他們歡欣鼓舞，欣喜若狂。他們終於看到了二十年努力的勝利果實。

歐洲乒乓球運動員的新技術和新打法，給失去優勢多年的歐洲乒壇帶來了鼓舞和希望。在第 31 屆世乒賽上，19 歲的瑞典新秀本格森連勝了中國和日本的強手，一躍成為世界男子單打冠軍。當時在歐洲各國乒乓球隊中，已經湧現出一大批富有朝氣和實力的新秀，如匈牙利的約尼爾、克蘭帕爾，南斯拉夫的舒爾貝克、斯蒂潘契奇，捷克的奧洛夫斯基，蘇聯的薩爾霍揚，法國的塞克雷坦等。他們有的以拉弧圈球為主，有的以打快攻結合弧圈見長，不少乒乓球選手都能正、反手拉出旋轉強、速度快的弧圈球，其水準已經大大超過了日本乒乓球運動員。

在日本名古屋舉行的第 32 屆世乒賽中，瑞典男隊又捧走了亞洲保持長達二十年之久的「斯韋思林杯」；而在印度加爾各答舉行的第 33 屆世乒賽上，引人注目的「聖‧勃萊德杯」，則是在一對歐洲選手約尼爾與斯蒂潘契奇之間的爭奪。

弧圈球是一種旋轉強和速度快的進攻型技術。它能製造出適宜的擊球弧線，不但能回擊對方的上旋球，而且能回擊低而轉的下旋球，比攻球的快拉有更多的發力擊球時機。

不管來球是處在上升期、高點期或下降期；不論站

位於近臺、中臺或遠臺，都能用弧圈球發起進攻。高質
量的弧圈球無論是對付攻球還是削球都能得分或取得主
動。比賽中運用不同的弧圈球技術可以主動攻擊，也可
以相持或過渡。

　　進入 20 世紀 80 年代後，隨著對弧圈球技術的深入
研究和廣泛應用，其發展日臻完善，顯示出旺盛的生命
力，並領導著世界乒乓球運動技術的新潮流。

　　自從 20 世紀 70 年代起，弧圈球打法在世界各國逐
步發展。歐、亞各國湧現出一批高水準的弧圈型選手。
在乒乓球的打法類型上，亦逐漸形成和派生出：以快攻
為主結合弧圈球的快弧型和以弧圈球為主結合快攻打法
的弧快型。兩種打法類型極大地豐富了乒乓球技術和打
法類型，由原來的兩型（快攻類和削球類）充實為四型
和 13 種不同的打法。

　　縱觀弧圈球技術的種種優勢並根據其性能與作用，
大致可歸納為穩健性好、上旋力強和攻擊力大三大特
點。

　　弧圈球穩健性好、上旋力強主要體現在以下三個方
面：

1. 能夠製造適宜的弧線

　　由於拉弧圈球所產生的摩擦力，使球呈強大的上旋
弧線飛行，上旋球的球體上沿氣流因受到空氣的阻力，
故流速慢、壓力大；下沿氣流與空氣阻力的方向一致則
流速快、壓力小，加之球體自身重量的影響，就產生了

壓力差。所以，球到最高點後就以較大的弧線曲度向臺面沖落，即使是弧線比一般拉球高，也不至於出界失分。這就意味著弧圈球的打法能縮短打出的距離。若是球的飛行速度不變，球越轉越強，那麼，球向前下的曲度也越大，沖落得越快；如果球的旋轉強度不變，球速越快，則同樣也能獲得向前下的曲度大和很快沖落的效果。實踐證明，弧圈球的打法確能縮短打出的距離。證實了弧圈球的上述兩個特徵。

2. 弧圈球能穩健地回擊出臺的強力下旋球及彈跳點比網低的任何來球

面對不能突擊的低球或突擊難度很大的強力下旋球，弧圈球卻能上手。因為它能有效地製造弧線的旋轉強度而獲得較高的命中率。中國打正膠快攻的選手就是借鑒和利用了這一特點，在比賽中採用了「拉小上旋」的技術，取得了很好的效果。

3.弧圈球與一般的攻球相比較，能有較多的擊球時機來發起攻勢

發力攻球一般在來球反彈的高點期擊球才有較高的命中率。因此，就有一個及時把握高點期的時機問題。若把握不住來球彈跳的一瞬間，只能在上升期或下降期擊球的話，那麼，發力攻球難度較大，失誤較多。而弧圈球既可以在高點期搶拉前沖弧圈球，又能在下降期拉加轉弧圈球，比發力攻球有更多的擊球時機，而不會輕易失誤。

弧圈球的攻擊力大主要體現在以下兩個方面：

1. 加旋轉的弧圈球能有效地對付削球型打法

如果弧圈球拉得快，上旋強，那麼它的「殺傷力」可以和攻球相媲美。防守型運動員在削接弧圈球時，若沒有掌握相應的規律和技能，往往容易回球過高或出界。

2. 對付一般的上旋球、攻球和推擋球，大多數打弧圈球的選手都能發力拉上旋技術

要是球的落點位置合適，也都能發揮類似扣球的進攻力量。若沒有掌握打弧圈球的規律和技能，則往往容易回球過高或出界。所以，搶沖、搶拉、拉沖結合、連續拉、沖，均為積極上手和主要進攻的手段。

現代弧圈球的打法不斷地向廣度和深度發展，其優越性也被越來越多的乒乓球運動員認可和應用。弧圈球的穩健性和攻擊力，以及擊球呈現轉、沖、拐（能向左、右兩側沖落）的特點，相繼都被世界各國的弧圈球選手所掌握。但他們在弧圈球技術的具體運用上則又不盡相同，各有各的風格和特色。

如歐洲國家的弧圈球選手，像瓦爾德內爾、薩姆索諾夫、普里莫拉茨、羅斯科夫、塞弗、蓋亭、佩爾森等，由於身材高大、體力充沛、站位離臺稍遠，他們運用大力拉沖的技術多一些。

中國的弧圈球選手站位比上述的選手稍近些，擊球點較高，動作幅度也較小，注重前臂和手腕的發力，再

加上手指的靈活調節。像王勵勤、孔令輝、馬琳等，他們擅長發球側身拉、搶沖及搶拉，作為正手弧圈球的高手，他們的特點是出手快、線路活、落點變化多。

中國選手在弧圈球技術的發展方面融入了快攻的特徵，力求突出技術特長、全面，以及沒有明顯的失誤。在技術風格上，快攻上突出了一個「快」字；在弧圈球上突出了「轉」與「快」的特點。

當今，弧圈球打法已成為乒乓球運動的潮流，世界各國的弧圈型運動員在高水準對抗中的競爭顯得越來越激烈，在技術與打法上相互滲透、互相學習、優勢互補；在激烈的競賽和對抗中，不僅充分體現了各自的技術風格和打法特點，而且體現了他們在攻防轉換、搶先上手和力爭主動的戰術意識。共同將弧圈球的技術與打法推向更高更新的水準。

四十多年來，弧圈型打法的技術特點和風格，一方面代表了當今世界乒壇的潮流和發展趨勢，另一方面也體現了弧圈球打法的戰術意識。弧圈球打法之所以先進，關鍵在於其戰術意識的更新。

首先，在競賽中為了搶先上手、力爭主動的前三板意識，就應該是發球長、短結合，不但能搶沖下旋球，亦能反拉對方拉起來的弧圈球；而且正、反手都能搶先上手。

其次，發球以發近網球為主，迫使對手輕挑，然後兩面快撕，並配合發長球搶沖和進入相持階段。

第三，接發球力爭搶先上手，以挑、打、點結合劈長、晃接等技術，配合擺短；出臺球突出搶沖意識。

最後，第四、第五板的爭搶中，要改變過去對付對方從下旋球搶拉過來的弧圈球與消極防禦的局面，大力加強反拉弧圈球的意識和能力，使前三板更具有威脅性和靈活性。

與此同時，配合側身以正手接發球為主的意識，以晃接、挑、拉為主要技術，配合正手擺短，有效地抑制對方的前三板搶攻，以及借側身有利的位置。也可全臺用正手拉沖或反拉、相持中快速攻防轉換的意識。

由此可見，弧圈球打法的戰術意識，主要體現在運用正手側身接發球（比如晃接、撇、快點搶拉、搶沖半出臺球等技術），利用接發球技術創造更多的進攻時機，為正手進攻創造更好的條件，使反手位技術（如快拱、快彈和快拉、快撕等）體現積極快速的意識。

弧圈球的技術原理

一、上旋球與弧圈球

通常我們打攻球，球拍向前上方揮動擊球的中上部，擊球的作用力線不通過球心而產生力臂，在合力矩的作用下，使球向上旋轉，稱上旋球。

當運動員用摩擦系數較大的反膠海綿拍向前上方擦擊球的中上部，因摩擦力增大使擊球的作用力線更偏離球心而增加了力臂，在合力矩的作用下使球產生更強烈的上旋，這就是弧圈球。

其原理如圖1所示，上旋球的合力F由撞擊力f和摩擦力S合成，其力臂L為F到球心O的垂直距離，其

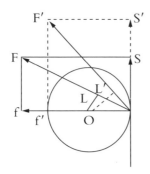

圖1　一般上旋球與弧圈球的
　　　力學原理示意

合力矩為 M＝FL，弧圈球的合力 F′由撞擊力 f′和摩擦力 S′合成，其力臂 L′為 F′到球心 O 的垂直距離。在合力不變（F＝F′）情況下，因 L′大於 L，所以，弧圈球的合力矩大於上旋球的合力矩，則旋轉更強烈。弧圈球的強烈上旋使球的飛行弧線高、距離短。對手在接弧圈球時稍不留意，就容易回擊高球，甚至出界。

二、飛行弧線

　　球拍擊球後，向前旋轉飛行的球會受到迎面空氣阻力的影響，如果是下旋球，則球體下沿空氣阻力大、流速慢、壓強大，球體上沿空氣阻力小、流速快、壓強小。結果使球下落慢且長。上旋球則與下旋球相反，結果是在球上沿空氣壓力和球的自重作用下迫使球下落快且短。而強烈的上旋弧圈球，旋轉球體的上下沿壓力差更明顯，加上球的自重影響，飛行弧線呈更明顯的曲度，並自上而下地俯沖臺面。

　　圖 2 所示為上旋球與弧圈球飛行弧線的比較。

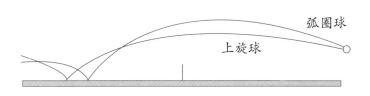

弧圈球

上旋球

圖 2　一般上旋球與弧圈球飛行弧線的比較

三、反彈特點

運動員打攻球,球拍撞擊球呈上旋落臺時,球體給臺面一個向後的摩擦力,加上球體本身的重力合成,成為對球臺的作用力是向後下方的,球臺給球的反作用力是向前上方的。因此,上旋球有一定的前沖力。上旋強度越大,球體著臺後的摩擦力就越大,球臺給球向前的反作用力也越大,因此弧圈球表現出來的前沖力更大。

如圖3所示,弧圈球對球臺的摩擦力S'大於上旋球對球臺的摩擦力S,根據力的平行四邊形合成法,則球臺對弧圈球的反作用力F'要比球臺對上旋球的反作用力F大。由於弧圈球的反彈角(反作用力線與球臺的夾角)比上旋球的反彈角小,因此,弧圈球著臺後的反彈力更大,前沖力也更強。

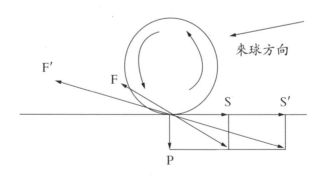

圖3　一般上旋球與弧圈球反作用力和反彈角

從實際情況看，弧圈球反彈表示球著臺反彈的角度要小（反彈角度是按照來球的前進方向，球反彈路線與臺面所形成的夾角）。這是因為來球本身有一個向前的慣性力，這個力對球的反彈也起作用。

　　上旋球由於球本身旋轉和重力所形成的反彈角外，還要與球向前的慣性力再形成合力。根據力的平行四邊形法則，弧圈球落臺後，反彈會更低和更具前沖力。

弧圈球技術的種類及其特點

弧圈球技術可分為正手加轉弧圈球、正手前沖弧圈球、側旋弧圈球和反手弧圈球四類。各類的技術特徵分別闡述如下。

一、正手加轉弧圈球

正手加轉弧圈球的特點是：球飛行弧線較高，速度較慢，上旋很強，球著臺後不大向前跳，而是向前下滑落。這種球在球拍觸球後的第一弧線較高，球落對方的臺面彈起後下落的第二弧線較低，球在空中飛行的速度較慢，落臺後下滑的速度較快，回擊時易出高球或出界。

正手加轉弧圈球是針對削球、搓球和出臺的下旋發球的一種有效技術。在比賽中當自己擊球不到位，或回擊難度較大不便於搶攻時，可運用加轉弧圈球來調整。也可用它來打亂對方的節奏，為下一板創造進攻的機會。或用加轉弧圈球進行過渡等。圖4、5所示為橫拍、直拍拉加轉弧圈球的技術動作。

① ②

③ ④

⑤ ⑥

圖 4 橫拍拉加轉弧圈球

圖 5　直拍拉加轉弧圈球

二、正手前沖弧圈球

正手前沖弧圈球的特點是：球飛行的弧線較低，速度快，上旋較強，前沖力大，球著臺後彈起不高，並能急速前沖向下滑落。由於前沖弧圈球的前沖力大，所以能起到扣殺作用。

前沖弧圈球是針對發球、推擋、搓球及一般攻球的一種技術。球離臺防守時，也可運用前沖弧圈球進行相持，並伺機轉為反攻。正手前沖弧圈球是弧圈型選手的最主要的技術和得分手段，在比賽中也運用得最多。圖6、7所示為橫拍、直拍選手拉前沖弧圈球的技術動作。

三、側旋弧圈球

正手側旋弧圈球特點是：球的飛行一般比加轉弧圈球低，但比前沖弧圈球高，能向對方右側（右手握拍拉為例）偏拐，落臺後急速向右側下滑落，使對方不容易回接。

側旋弧圈球是對付右方大角度來球的有效技術，比賽中，當自己位置不適於發力拉、沖時，可及時在跑動中拉一個側旋，變被動為主動。也可和加轉、前沖弧圈球結合起來運用以造成節奏、旋轉的變化，為下一板的進攻創造有利的機會。高水準選手反手也能拉出側旋，其偏拐與滑落方向與正手側旋弧圈球相反。圖8、9所示為橫拍、直拍選手拉右側弧圈球的技術動作。

①　　　　　　　　　②

③　　　　　　　　　④

圖 6　橫拍正手拉前沖弧圈球

①　　　　　②

③　　　　　④

⑤　　　　　⑥

圖 7　直拍正手拉前沖弧圈球

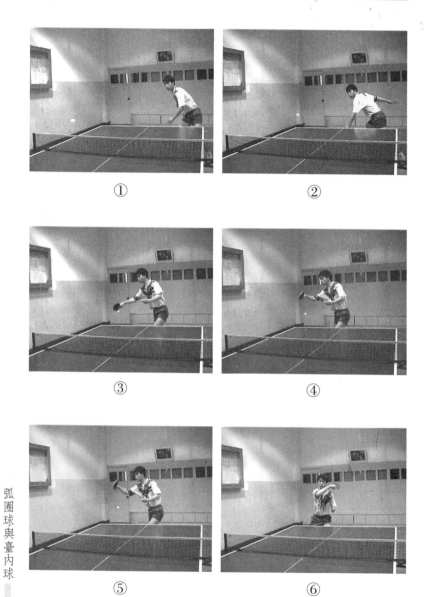

①　　　　　　　　　②

③　　　　　　　　　④

⑤　　　　　　　　　⑥

圖 8　橫拍拉右側弧圈球

① ② ③ ④ ⑤ ⑥

圖9　直拍拉右側弧圈球

四、反手弧圈球

反手弧圈球又分為橫拍反手拉加轉前沖弧圈球和直拍反打拉弧圈球兩種。

(一) 橫拍反手拉加轉前沖弧圈球

橫拍反手拉加轉前沖弧圈球，在空中及落臺後的飛行特點與正手弧圈球相同。但它給直拍弧圈球選手有更多的技術運用空間和進攻面。

反手弧圈球常用來針對下旋發球、搓球推擋和對方一般性的攻球，以及中臺相持時的對拉對沖。反手弧圈球技術掌握得好，更有利於在比賽的開局和相持中爭得主動。圖 10 為橫拍反手拉加轉弧圈球技術動作。

(二) 直拍反打拉弧圈球

隨著以歐洲為代表的橫拍弧圈球打法的發展，旋轉與速度結合更加完善，使中國傳統的直拍近臺快攻打法受到強有力的挑戰，反手位缺乏進攻能力，尤其是形成相持後更為明顯。因此，中國乒乓球運動員劉國梁首先採用了直拍反手反面進攻技術，用以接對方的下旋球，豐富了反手位的技術，緩解了反手進攻的不足，取得了較好的效果，實踐證明，用直拍反打拉弧圈技術同樣可以達到橫拍反手弧圈的技術和戰術效果。

圖 11 為直拍反打拉弧圈球。

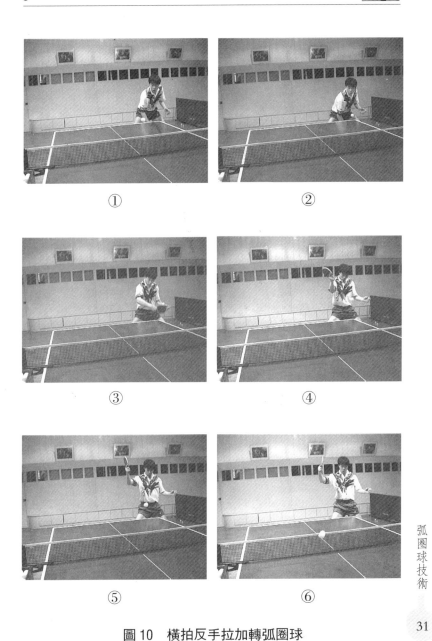

①　　　　　　　　　②

③　　　　　　　　　④

⑤　　　　　　　　　⑥

圖 10　橫拍反手拉加轉弧圈球

① ② ③ ④ ⑤ ⑥

圖 11　直拍反打拉弧圈球

如何掌握弧圈球技術

一、弧圈球技術動作要領

(一) 加轉弧圈球

1. 擊球前的選位

正手拉球時左腳稍前（反手拉則右腳稍前或平行）站，身體離球臺約60公分，引拍時手臂稍內旋使拍面角度稍前傾，腰、髖部向右（反手向左）轉動，前臂自然下垂，直握拍手腕屈，橫握拍手腕內收，將球拍引至身體右下方（反手向左前下方）。迎球時腰、髖部向左上方（反手向右上方）轉動，手臂從下向上迎球。

2. 擊球階段

加轉弧圈球的擊球點在下降前期，運動員做提踵、蹬地，腰、髖部向左上方（反手向右上方）轉動帶動上臂和前臂，直握拍手腕伸、橫握拍手腕外展加速向左前上方發力（反手以肘關節為軸向下內收，前臂加速向上發力為主，略向前，手腕外展）拍形稍前傾，擊球中部或中部偏上。擊球後手臂繼續向前上方順勢揮動，並迅

速還原成擊球前的準備姿勢。發力主要是以上臂帶動前臂為主，腰部和髖部配合，身體重心隨動作從右腳移至左腳（反手拉時身體重心放至兩腳）。

（二）前沖弧圈球

1. 擊球前的選位

正手拉球時左腳稍前（反手拉右腳稍前）站，根據來球選擇站位的遠近，引拍時手臂內旋來增加拍形的前傾，腰、髖部向右轉動，手臂近乎垂直（反手拉則手臂外旋，腰、髖向左轉動），肘關節靠近身體，前臂向左後方移動，手腕內收將球拍引至身體左後下方，直握拍手腕屈，橫握拍手腕內收，將球拍引至身體右後下方。

迎球時腰、髖部向左（反手向右）轉動，手臂向前迎球。

2. 擊球階段

前沖弧圈球的擊球點在高點期或下降前期，擊球時腰、髖部要向左轉（反手向右上方），上臂帶動前臂加速向前為主、略向上發力，直握拍手腕伸，橫握拍手腕外展（反手肘關節內收，前臂加速向前略向上，同時手腕外展），拍面前傾擊球的中上部。擊球後手臂繼續向前上方順勢揮動，並迅速還原成擊球前的準備姿勢。發力主要是上臂帶動前臂以前臂為主，腰、髖部配合，身

體重心從右腳移至左腳（反手從左腳移至右腳）。

（三）側旋弧圈球

1.擊球前的選位

正手拉球時左腳稍前站，根據來球選擇站位的遠近。引拍時手臂自然下沉、稍屈，拍頭向下並內旋使拍面方向略偏左，手臂向右側後方移動，將球拍引至身體右側後方。迎球時身體向右移動，手臂向側前方迎球。

2.擊球階段

側旋弧圈球的擊球點在來球的下降期，腰、髖部向左轉動帶動手臂向右側揮動。同時直握拍的手腕伸，橫握拍的手腕外展，拍頭向下，拍面偏左，觸球時球拍摩擦球的右側中部或中下部，使球形成強烈的右側上旋。擊球後，手臂繼續向前上方順勢揮動，並迅速還原成擊球前的準備姿勢。發力主要是以整個手臂為主，腰、髖部配合，身體重心從右腳移至左腳。

反手拉側旋弧圈球的動作要點和正手拉相同。但站位、引拍、迎球、揮拍、擊球時摩擦及擊球後重心移動則和正手拉球的方向相反。

（四）直拍橫打拉弧圈球

站位要中、遠臺相結合，右腳比左腳稍前（右手持

拍）站，引拍時手臂自然下垂至下腹部，拍形前傾，手腕略內收以增大拉球時的摩擦。拉球前，自右向左轉腰、轉髖，重心移至支撐腿。擊球時手臂發力的順序和觸球部位，與橫拍反手拉弧圈球大致相似，手腕由內收做外展，腰、髖部配合轉動和蹬腿，身體重心從左腳移至右腳。

二、弧圈球技術的練習方法

弧圈球技術是一項具有一定高難度的乒乓球技術。在學習弧圈球之前，最好有一定的攻球基礎，有助於較快地掌握弧圈球的技術。

在練習順序上應先練正手弧圈球，再練側旋弧圈球，最後練反手弧圈球；在學習弧圈球類別方面，先學加轉弧圈球，再學前沖弧圈球，然後學側旋弧圈球等。其中前沖弧圈球是弧圈型選手在比賽中的主要得分技術，應視為學練的重點。

（一）初級階段的練習方法

1. 對弧圈球動作的講解與示範（能輔以教具模型、圖示、錄影、電影更好）。

2. 徒手原地揮拍或進行徒手的步法、手法結合練習。

3. 接發球拉的練習：先接對方平擊發球，再接對方旋轉發球的拉一板練習，逐漸體會完整連貫的動作過

程，學會發力摩擦的技術動作要領。

4.一推一拉練習，學會對上旋來球連續拉的技術動作要領。

5.一搓一拉練習，學會對下旋來球拉的技術動作要領。

6.結合上述練習的內容進行多球練習。

(二) 練習的注意事項

1.拉球時引拍的手臂要放鬆，注意將上臂、前臂、手腕、腰與腿部的力量，按自下向上的發力順序進行，要求在擊球時手臂快速伸縮的瞬間，使手腕發力充分，將力量傳遞到球上。

此外，手腕還要注意控制球的弧線，以求得適宜的摩擦球部位和拍形的角度。

2.在動作上區別加轉弧圈球與前沖弧圈球時，前者以向上為主，後者則以向前為主。

此外，擊球的時間也要提前一些。

3.側旋弧圈球的揮拍弧形線路與加轉、前沖弧圈球有所不同，它先是由後下方向側外方再向內上方兜動，經側外方兜動的力量大於向前的力量。

4.做好步法的移動和及時的還原。

(三) 易犯錯誤與糾正方法

1.擊球點離身體過遠或過近，會造成動作的不穩定。

2.沒有依照不同的弧圈球技術來調整拍形角度和擊球部位。

3.揮拍擊球時撞擊多、擦擊少,造成弧圈球旋轉力不強。

4.拉球的動作沒有按自下向上的發力順序,球拍觸球的發力不集中。

糾正方法是:首先多練習徒手揮拍,做好不同弧圈球的徒手動作和步法、手法練習,分清不同動作的手法和技術要領;其次採用自拋自拉的弧圈球體驗擊球點、擊球時間、拍形角度、擊球部位和揮拍方向等要點;再是可以通過多球單練的反覆練習,使動作技術得到強化、鞏固和定型。

總之,在進行一次比較完整的、合理的拉球時,都要著重發揮下肢、腰髖、手臂等身體各部位的作用與協調配合,都要充分考慮到選擇合理的擊球位置、擊球時間、擊球部位以及手臂用力的方法和方向等因素。

(四)鞏固提高階段的練習方法

本階段是在初步掌握擊球動作的基礎上,逐漸增加練習的難度,不斷提高技術動作的質量,從而儘快地形成弧圈球技術的鞏固與定型。其練習方法以臺上對練為主,結合多球練習。在練習安排上一方為主練方,另一方為陪練方,雙方配合,共同提高。與此同時,也可進行一些不同形式的模擬比賽,以提高弧圈球的戰術意識

和運用能力。具體練習方法如下：

1.線路變化

從斜線到直線：先安排斜線練習，再逐步轉入直線練習。可練正手弧圈球的斜、直線，也可練反手弧圈球的斜、直線及側旋弧圈球的斜、直線。

2.落點變化

（1）一點對多點的練習，主要提高多變的落點和控制落點的能力（圖12～14）。

（2）多點對一點、兩點對兩點的練習，重點提高腳步的移動，以及擊球擺速和控球的能力（圖15～18）。

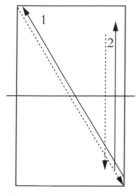

①右方一點對左右兩點

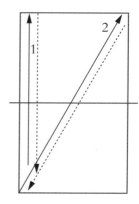

②左方一點對左右兩點

圖12　一點對左右兩點

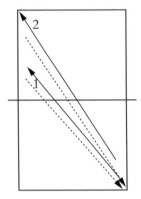

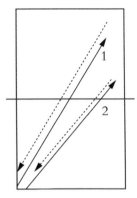

①正手一點對同線長短兩點　　②反手一點對同線長短兩點

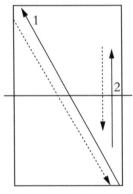

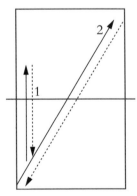

③正手一點對異線長短兩點　　④反手一點對異線長短兩點

圖13　一點對同線（或異線）長短兩點

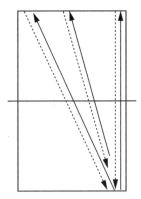

①右方一點對左中右三點

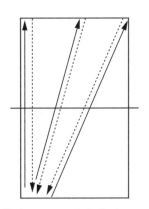

②左方一點對左中右三點

圖14　一點對左中右三點

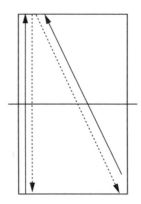

①右方左右兩點對一點

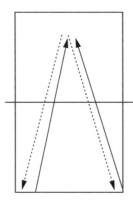

②中路左右兩點對一點

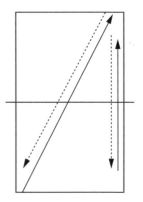

③左方左右兩點對一點

弧圈球與臺內球

42

圖15　左右兩點對一點

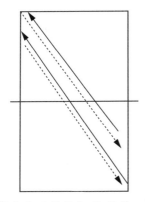

①右方同線長短兩點對一點

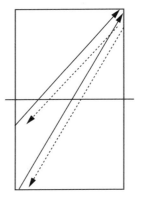

②左方同線長短兩點對一點

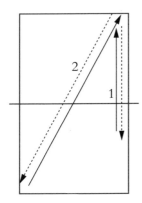

③左方異線長短兩點對一點

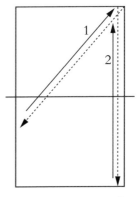

④右方異線長短兩點對一點

圖 16　長短兩點對一點

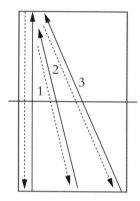

①左中右三點對右方一點

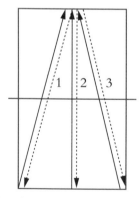

②左中右三點對中路一點

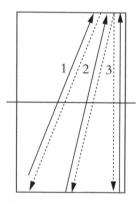

③左中右三點對左方一點

圖 17　左中右三點對一點

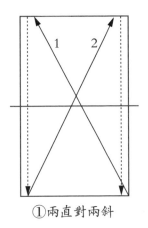

①兩直對兩斜

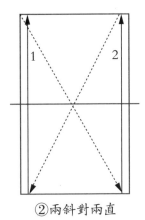

②兩斜對兩直

圖18　兩點對兩點

（3）有規律到無規律的練習。隨著弧圈球技術的掌握和完善，可逐步由有規律的練習過渡到無規律的練習，以此來提高運動員的反應、判斷和適應能力。

可在上述線路變化和落點變化中安排練習。也可結合多球練習逐步過渡到無規律的，供上、下旋球到主練方的臺區。

（4）加大擊球的難度。從原來還擊力量小、速度慢、旋轉弱、落點固定的來球，到還擊力量較大、速度較快、旋轉較強、落點較刁的來球，在練習中需要逐步提高來球的質量和加大回擊球的難度。從原來陪練方固定用一種技術進行陪練，逐步過渡到使用兩種或兩種以上的技術進行陪練。要求陪練方掌握好練習難度，主練方要加強判斷和調節的能力。

（5）逐步提高回球質量。開始練習著重是要體會技術要領，掌握擊球動作，所以可適當放寬對擊球力量、速度、落點、旋轉和弧線的要求。隨著要領的掌握及技術的熟練，再要求提高擊球質量。

（6）從單項技術練習到結合技術、戰術練習。在熟練掌握各種單項技術的基礎上，逐步由單項技術練習過渡到結合技術和各種戰術的練習，提高結合技術和各種戰術的運用能力。

應對弧圈球的技術

　　乒乓球是一項對抗性運動，它主要體現在攻防的轉換上，或者說體現在雙方攻防技、戰術上。弧圈球技術的出現加快了進攻技術的發展，提高了進攻的威力。與此同時，防守弧圈球的技術也得到相應的發展，並在實戰中不斷地得以總結和提高。

　　弧圈球從單純的正手高弧線前沖球開始，逐步發展到速度快、弧線低、前沖強力、旋轉變化多，且正反手都能拉的弧圈球。而應對弧圈球的防守技術也從最初的「推」和「擋」，逐步發展到「蓋」、「帶」、「擠」和「對拉」等積極主動的防守技術。

　　這些技術的出現使得乒乓球比賽更加精彩和更具觀賞性，推動了乒乓球運動的飛速發展。

一、近臺快攻打法應對弧圈球的技術

1. 正手快點

　　正手快點具有站位近、動作小、球速快以及在臺內擊球時上手快、突擊性強等特點，趁對方還未拉沖之前就可先發制人，有效地遏止弧圈球的攻勢。

正手快點主要用於接對方發來的近網短球及雙方在臺內擺短相持的過渡。

【動作要領】：腳步隨來球方向前跨，前臂伸向臺內，根據來球旋轉的強弱，前臂與手腕相應地做旋內或旋外，調整好拍形，在高點期擊球。如來球下旋較強時，拍面稍後仰，擊球的中下部，前臂和手腕向前上方發力；如來球下旋較弱時，拍面垂直，擊球的中部，前臂及手腕以向前發力為主，適當向上用力；如來球為上旋時，拍面稍前傾，擊球的中上部，手臂直接向前用力，發力主要部位以前臂和手腕為主。

2. 正手快帶

正手快帶具有速度快、弧線低、線路活、宜借力還擊的特點，是應對弧圈球的有效技術，也是在相持或被動時爭取主動的過渡技術。

【動作要領】：站位較近，引拍幅度不大。當來球跳至上升期時，拍面前傾，擊球的中上部，憑借腰、髖部的帶動，手臂迎前帶擊，手腕在快帶中保持相對穩定，發力的主要部位是手臂，借來球前沖反彈的力量帶擊，同時腰、髖配合轉動。

3. 正手快攻

正手快攻具有站位近、動作小、速度快、宜借力還擊的特點，通過落點和線路變化調動對方，為主動進攻

或扣殺創造條件，是近臺快攻打法應對弧圈球的一項主要技術。

【動作要領】：站位於近臺或中近臺，引拍以前臂後引為主，當來球跳至上升期時，拍面稍前傾，擊球的中上部，在上臂帶動下前臂快速向前方揮動，手腕外展，發力的主要部位以前臂為主。如遇到較強的拉沖弧圈球時，更要控制拍形的「蓋打」動作。直拍選手需拇指壓拍，觸球瞬間中指有頂拍的動作。

4. 低球突擊

低球突擊具有球速快、動作小、突然性強的特點，是中國近臺快攻的獨特的技術打法。

【動作要領】：當來球跳至高點期時，前臂加速揮拍；遇來球下旋強烈時，拍形應稍後仰；回接弧圈球時，拍面應稍前傾，借助上臂和腰、髖部的力量，運用爆發力將球擊出；正手突擊斜線時，擊球的中右部；突擊直線時，擊球的中部，線路變化力求動作相似，使對方難以提防。當今在弧圈球的對抗中，許多球都是從下旋打起的。因此，對下旋來球時進行低球突擊，仍是一項不容忽視的主要技術。

5. 反手位的加、減力推擋

加力推擋是力量重、球速快、能壓制對方攻勢的防守技術，而減力推擋則是弧線低、落點短、力量輕的防

守技術。若將加力、減力推擋相結合運用，通過力量、落點和節奏的變化，就能有效地牽制對方，伺機用正手或側身進攻奪取主動。

【動作要領】：加力推擋時擊球前前臂提起，上臂後伸，手腕貼近身體，在來球上升後期和高點期時擊球，拍面前傾，用上臂、前臂和手腕加速向前下方推壓球中上部，腰、髖部配合同時發力。減力推擋時擊球前前臂稍屈，球拍略為提高，拍面稍前傾，當來球上升期時擊球在中上部，觸球的瞬間手臂、手腕稍向後伸，以緩衝來球的撞擊力。

6. 下旋推擋與推擠

下旋推擋回球具有下旋、弧線較低和落點長的特點，是在擊球中改變回球性能的一種技術。

推擠回球帶有左側下旋，弧線低，擊出的斜線球角度大，也能改變球的旋轉及變化的角度，從而增加對方回擊的難度，尤其是在球的弱旋轉區觸球，能夠更有效地應對弧圈球。

【下旋推擋的動作要領】：擊球前上臂後引，前臂稍上提並做內旋，使拍面稍後仰，將拍引至身體前上方，在來球高點期或下降前期，用稍後仰拍面擊球中部向下摩擦，手臂與手腕向前下方做推切的動作。

【推擠的動作要領】：擊球前手臂自然彎曲並旋外，使拍面稍前傾，將球拍引至身體前上方，在來球上

升期時，用稍前傾拍形擊球在左側中上部，前臂、手腕同時向左前下方用力推擠，腰和髖部向左轉動並發力。

7. 直拍反打

直拍反打是直拍近臺快攻的選手，為了提高反手應對弧圈球的能力，增強進攻性，在球拍的背面貼一塊海綿膠，用背面上手進攻，又稱直拍反打。這是直拍選手運用反手應對弧圈球的一種創新技術。從應對弧圈球的角度分析，直拍反打比常規的反手攻擊更容易控制拍形。其運用主要有：

① 對方用強下旋迫逼反手底線大角時，因側身難度大，可用快拉回擊，而且能有一定的速度和力量；

② 對方用弧圈球拉住反手位時，可在推擠的基礎上加一板直拍反打的快帶和反沖，以便迅速地做側身搶拉；

③ 當攻正手後返左時，使用直拍橫打的快拉、快沖或彈打，都能起到有效地對付弧圈球的作用。

直拍橫打的主要技術有：

▲以前臂發力為主，手腕相對固定的擋、撥。

▲手腕、前臂快速、主動發力的彈、打。

▲上臂帶前臂的中、遠臺拉。

▲對付弧圈球的借力快帶、快拉，主動發力上手時的反撕等。

二、弧圈型打法應對弧圈球的技術

弧圈球技術在同類打法中主要有：

1.反拉對方從下旋球拉起的加轉弧圈球。

2.相持中近臺的快速反拉、反帶。

3.中、遠臺的對拉、對沖的弧圈球。

隨著乒乓球運動技術的發展，弧圈型選手更多和更有效地使用了正手和側身位的對抗技術，因為正手的攻擊力、攻擊範圍及威脅性遠遠超出了反手的對抗和進攻。它會給對手造成更大的壓力，從而贏得比賽的勝利。

以瑞典的瓦爾德內爾為代表的一批高水準的歐洲弧圈型選手，開創了側身正手接發球的新技術，以側身正手晃接、挑、拉為主要手段，配合側身正手擺短等，有效地抑制了發球方的第三板搶拉、搶沖。而接發球一方當接完發球後，身體已處於側身位置，就可以全臺進行搶攻或反拉。

三、削攻打法應對弧圈球的技術

1.削對方的加轉弧圈球

削加轉的弧圈球是應對上旋強、弧線曲度大、且有向上和很大反彈力的來球的一種防守技術。運動員的站

位要根據來球落點的遠近，選好合適的位置；擊球點選在右腹前為宜，向後上方引拍的幅度要大，前臂應迅速向上引拍，拍面要垂直不能後仰；整個手臂要對準來球的方向，從上向下地用力壓球。手臂在向下用力的同時，還要適當附加向前的力量。球拍觸球的瞬間，手腕不要後轉，以抵消來球的向上反彈力和控制回球弧線的高度，手臂發力的順序應該是先壓、後削、再送，有時為了增加削球的下旋性，還要利用彎腰和屈膝來輔助手臂的發力。球拍觸球時，拍面不宜過於後仰，應觸球的中部偏下位置。同時手腕不要過分轉動，以免回出高球。

2. 削對方的前沖弧圈球

削前沖弧圈球是應對上旋強、弧線曲度小、前沖力大的來球的一種防守技術。站位一般在距臺1公尺以外，向後上方引拍的幅度要大，距離長，前臂舉起時隨著身體轉動帶動手臂向前下方迎球。當球跳至下降後期擊球時，拍面稍後仰，上臂帶動前臂向下用力為主，發力的順序為先壓、後削、再送，擊球的中部偏下，手腕保持相對穩定，同時做好彎腰和屈膝的動作輔助向下發力。

3. 削轉與不轉球

在應對旋轉強度一般的弧圈球時，運用相仿的削球動作削出轉與不轉的球來迷惑對方，造成對手判斷失誤，從而增加回擊球的難度，或直接失分。削加轉球時

弧圈球技術

53

可加大拍面後仰的角度，向前下方切球的中下部，切球「薄」可使作用力遠離球心，以增強旋轉。削不轉球時要減小拍面後仰的角度，擊球在中部，向下向前推球，使作用力接近球心，球形成相對的不轉。

4. 削側旋球

正手削球時，將由後向前揮拍削擊，變換成由後左向前右下削擊，拍形近似垂直，擊球點要稍高些，擊球的中下偏右的部位。反手削球時，要將由後向前揮拍削擊，變換成由後右向前左下削擊，拍形近似垂直，擊球點也稍高些，擊球的中下偏左的部位。

削出的側旋球落臺後，球會向左、右不同的方向反彈，以增加對方回接球的難度，破壞其進攻的節奏。同時也可避免在來球的強轉區觸球。

5. 守中反攻

作為一名削攻型的選手，一定要能守善攻，攻守技術要全面過硬。除了上述應對弧圈球的削球技術外，還要具備正手攻球（對拉、對沖、發球後搶攻、連續攻及削中反攻等）和反手攻球（低球突擊、削中反攻、反手拉弧圈等）的能力。

中國不同時期的削球選手如張燮林、梁戈亮、陳新華、丁松都體現了在防守中帶進攻的高超技術，為繼承、發揚和創新防守中的進攻技術做出了貢獻。

應對弧圈球的戰術

一、近臺快攻應對弧圈球的戰術

近臺快攻打法是中國傳統的、具有獨特風格的打法。橫拍弧圈球打法的歐洲運動員，通常沒有出色的直拍選手作為對立面進行練習，因此，他們在與直拍快攻選手比賽時，往往表現出技術上的不適應，從而使持直拍快攻選手在心理上和技、戰術上處於有利地位。

1. 發球搶攻

①反手發右側上（下）旋球至對方中路靠右近網處，搶攻對方的左方（圖 19）。

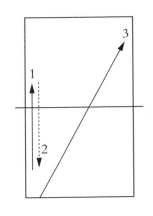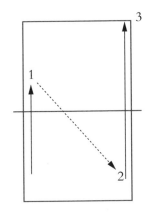

圖 19

②發側身急球，使對方不能充分發揮其正反手弧圈球的威力，然後進攻對方的中路或兩大角（圖20）。

③發急下旋的長球至對方的左角，配合近網短球。然後側身搶攻對方的薄弱點（圖21）。

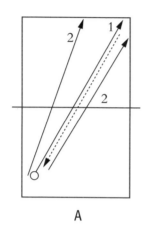
A

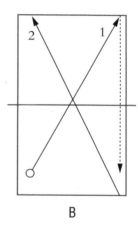
B

圖20

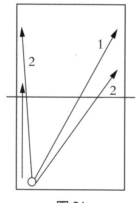

圖21

④正手發高拋球左（右）側上（下）旋的短球至對方左角，配合發右方急長球進攻搶攻（圖22）。

⑤用相似的手法發轉與不轉球進行搶攻。

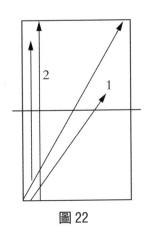

圖 22

2. 推擋側身搶攻球的五個案例

①在推對拉球（一般弧圈）中，調整力量、速度和落點的變化，伺機側身進攻。

②在推對拉球中結合反手攻或直拍橫打，然後側身進攻。

③在推對拉球中，運用和調整加力推、減力擋或推擠的變化，伺機側身攻。

④在推對拉球中壓對方的中路，再側身進攻對方的左角（圖23）。

⑤推中變線。連續推壓（或結合直拍橫打）對方左

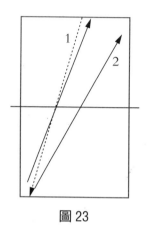

圖 23

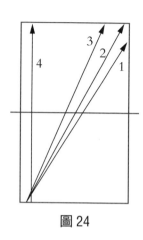

圖 24

角，突然變直線襲擊右角空檔（圖24）。

當對方連續側身拉時，以推變直線加以牽制。當對方連續進行反手拉時，先推左後變右還擊空檔。注意運用變線的戰術要在下列三種情況下採用：用加力推壓住對手；推的角度增大；對方的身體重心左移或在大角度側身拉時。

3. 左推右攻防守技術的三個案例

①在推對拉或側身攻時，對方往往會主動變化到正手。此時應做好以正手快拉、快攻弧圈球回擊的準備（圖25）。

②推中主動變直線，準備對手反拉斜線時，要用正手攻對方的空檔。

③對方拉兩角時，積極運用推擋變化，配合正手進

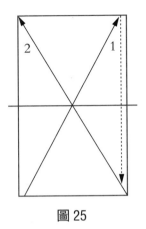

圖 25

攻，爭取主動得分。

4. 搓攻戰術兩例

①逼迫對手打搓攻，在搓中找機會進攻。
②搓中轉攻時力爭搶先上手。

5. 接發球搶攻的戰術

運用接發球戰術時，不僅能攻打長球，而且對臺內球要有搶先上手的意識，以及接發球緊密控制落點的意識。根據對方發球的不同旋轉和落點，運用快搓、擺短、挑、點、晃接（半推半搓）、撇等技術控制對方，為進攻創造機會。

二、弧圈打法應對弧圈球的戰術

1. 發球搶拉弧圈

①正手於側身位發強烈下旋球至對方左側近網處，迫使對方以搓回接。然後拉加轉弧圈球到對方的反手或中路（圖26）。

②反手發右側上（下）旋球至對方中路近網偏右或偏左處，然後拉前沖弧圈球至對方兩大角。

③反手發急下旋球（結合發短球）至對方中路偏右或左方大角，然後拉前沖弧圈至對方正手（圖27）。

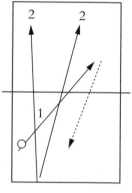

圖26

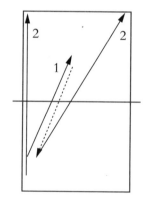

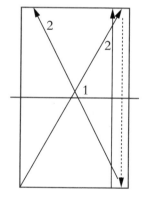

圖27

④用相似手法發轉與不轉球，進行搶拉、搶沖弧圈球。

2. 接發球搶拉弧圈

①對方發側上旋和不太轉的球時，用前沖弧圈球回擊。

②對方發側下旋球或強烈下旋球時，用加轉弧圈球回擊。

3. 搓中拉弧圈

①在對搓中，抓住時機主動搶拉弧圈上手。

②在相持擺短中，突然加力搓左角長球，然後側身正手拉（或反手拉）加轉弧圈（圖28）。

③搓中變對方正手，然後伺機搶拉弧圈到對方的反手或中路，再沖兩角。

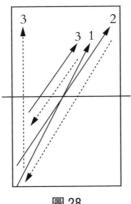

圖 28

4. 對拉戰術

①對拉中突然變線（圖29）。

②拉兩大角後沖中路（圖30）。

③拉加轉（或拉前沖）弧圈結合扣殺。

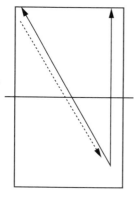

拉右變左

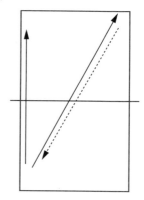

拉左變右

圖29

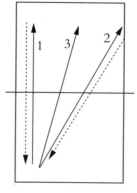

圖30

三、削球打法應對弧圈球的戰術

削球打法的技術和戰術特點是：站位在中、遠臺，應對弧圈主要是以旋轉的變化及伺機反攻為得分的重要手段。削球接弧圈時要守得穩、削得低、旋轉變化大、控制落點好，以及兩面都能攻。

1. 發球搶攻

①反手發側上（下）旋近網短球，迫使對方上前拉或搓球，為加轉或控制落點創造條件，有時以發突然性的急長球進行配合，伺機進行搶攻。

②正手發轉與不轉的短球至對方中路靠左（或右）的近網處，伺機進行搶攻。

③打到關鍵球時發反手側上旋長球，或用下蹲式發球至對方反手進行搶攻。

2. 削轉與不轉的球，結合落點變化伺機進行反攻

①先削加轉的球，再送不轉的球，或先削不轉的球後再突然加轉，伺機反攻。

②先送加轉的球至左角調動對方側身拉，再送右角不轉的長球，伺機反攻。

③削對方兩角時結合轉與不轉，伺機反攻。

3. 控制落點，伺機反攻

①連續削球直逼左角反攻右角，或連續削球逼右角反攻左角（圖 31）。

②交叉逼兩角，反攻兩角或中路。

③逼長送短或逼短送長，伺機反攻。

4. 削擋（或撥）結合，伺機反攻

①削中突然上前擋（或撥）對方空檔，進行反攻。

②先近臺擋（或撥）幾板，再退臺進行削球的旋轉與落點的變化，伺機進攻。

5. 搓中轉拉，伺機反攻

對搓中運用快、慢搓進行落點、旋轉及節奏的變化，伺機拉弧圈進攻。

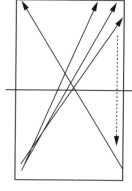

緊盯左角反攻右角

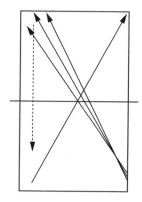

緊盯右角反攻左角

圖 31

臺內球技術

什麼是臺內球

　　乒乓球運動是一項隔網對抗、且技巧性很強的運動項目，很多技術動作都需要在短暫的時間內完成，而且要符合戰術的實際需要，這一特點反映在臺內球技術上尤為突出。

　　那麼，什麼樣的球屬於臺內球呢？所謂臺內球是相對於出臺球而言的，一般來講，來球的落點在本方距網40公分左右的近網區，而球在本方臺內第二跳又不出臺界的球即可稱為臺內球。運動員回擊這種來球所運用的技術就稱為臺內球技術。

　　如圖一所示（a–b 段為對方擊中本方球時的運行軌跡，b 點為本方臺面的觸臺點，c 為本方回擊來球的擊球點）。

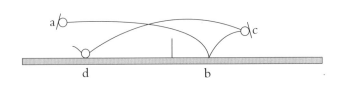

圖一

回擊臺內球時，擊出的球既要過網又不宜弧線過高，避免被動挨打；還要控制好發力，以免出界。因此，回擊臺內球往往要比回擊出臺球難度更大。

　　隨著現代乒乓球運動的發展，競賽日趨激烈。由此，臺內球技術的運用就顯得更加突出和重要。

　　比賽實踐證明，誰的臺內球技術全面，誰就能搶得先機；誰的臺內球技術熟練，誰就能積極主動搶先得手。在奧運會、世乒賽及世界杯等高水準的競賽對抗中，對前三板中的臺內球的控制與反控制、爭奪與拼搶，已成為比賽的焦點。

　　為此，世界各國教練員和運動員都著眼於對臺內球技術、戰術的研究和開發。如何對臺內球技術進行科學訓練和運用，已成為世界乒壇高水準運動隊伍的重要研究與訓練課題。

臺內球技術的發展

　　20 世紀的 20 年代，乒乓球運動還處在初級階段。運動員使用的球拍是木板拍或膠皮拍；臺內球技術主要以搓球、小動作的平擋球為主，回球穩而不失誤。

　　到了 50 年代，日本乒乓球運動員率先使用海綿拍，從而有了快、慢搓，還能對近網低球運用擺短，對近網半高球可用起板攻打等。

　　至 60 年代初，中國乒乓球運動員運用正膠海綿拍創新了直拍近臺快攻技術，使臺內球技術有了較大的發展。如在搓球的基礎上有搓轉與不轉、搓側旋；在提拉球的基礎上，快擺發展為快點、快攻、低球突擊等，使臺內球的技術更富有多變性和進攻性。

　　70 年代，運動員根據不同打法的技術類型而採用的球拍更為多樣化，有正膠海綿拍、反膠海綿拍、長膠、生膠、防弧等等。眾多球拍的使用，致使臺內球的技術更加豐富多彩，如快點、快帶、快拉、突擊、快撥、快攻、快推、推擠、拱等等，同時也使得臺內球技術的使用顯得至關重要，它對開好局、相持乃至關鍵球的處理都能起到重要的作用。

　　進入 21 世紀，各種流派的打法和應用的技術，不僅

日趨成熟和完善，而且彼此之間還相互滲透、兼容並蓄。而臺內球技術也漸漸形成了獨特的風格。如擺、挑、撇、晃接、劈、快撕等等，使競賽的雙方在球臺內陣地的控制與反控制顯得十分激烈，戰術運用也以臺內球技術為先導進行重組變更。

儘管臺內球技術在乒乓球的各類技術中被稱為「小技術」，但在現代乒乓球比賽中卻大有用武之地。

首先，在乒乓球比賽中，為了制約對方的進攻，必須對來球進行有效的控制，而掌握全面的臺內球技術就可以獲得更多的主動權，同時也能使接發球和控制球的技術質量得到強化與提高。

其次，隨著乒乓球技術的發展，出現了許多新的發球技術，無論在旋轉、速度和落點等方面都表現出很高的技術水準，在比賽中顯示了很大的威力。

眾所周知，乒乓球比賽都是從發球和接發球開始的，每局比賽中發球和接發球的機會大體相等。但發球方約有80%以上的發球，都是以落點刁、變化多、旋轉差異大的近網短球來制約對方，從而達到搶先上手和積極主動的目的。於是，臺內接發球技術的難度越來越大，回擊球的技術要求也就更高。

現今的臺內球不再是過去那種運用單一的回擊技術，而是將點、撥、帶、拉、攻、推、搓、擺、撇、挑、晃接等多種技術，根據實踐的需要進行有機地組合、多變地運用，強化和提高接發球、控制球的臺內球

臺內球技術

69

技術和搶先上手、回擊等戰術意識。甚至可以根據自己打法的特長和技術、戰術的需要，打破一般接發球、控制球的模式來回擊臺內球。

在高水準的對抗中，處理臺內球時只用單一的搓擺、推擋等技術已屬少見，而是被出手快速、手法隱蔽多變的多種臺內球技術所取代。

臺內球的擊球速度、旋轉變化、落點調動和節奏快慢等技術，都有顯著的提高和發展，由此來看，乒乓球臺內球技術正朝著「高、精、尖」和戰術上的「快速、主動、多變」的趨勢發展。

弧圈球與臺內球

70

臺內球技術的實用性

一、過渡球技術上的合理運用

每一種技術在比賽中都可作為過渡性質的技術來運用，比如接發球技術的過渡，攻防技術中的過渡、關鍵球中的主動過渡等等。由於在現代乒乓球比賽中，激烈的爭搶往往首先在臺內範圍發起，所以，臺內球技術過渡的合理運用就顯得極為重要。

乒乓球技術過渡的運用大體有如下幾種：

1. 以下旋對下旋：

對下旋性質的來球以搓和擺來回擊。搓可快搓對方的近網區，結合底線的長球；擺可快擺短球，特別是對方近網左右的兩個小三角區域，以達到最大限度地制約對方的進攻和上手的目的。

2. 以上旋對上旋：

對上旋性質的或相對不轉的來球，可以用挑、點、推、快拉等回擊。運用這些技術時要做到「搶點」「搶接」，即判斷好來球的旋轉與否後，在球的上升前期以最小的快速動作去完成擊球，並注重球的落點和線路的變化，提高擊球的效果。

3. 根據來球的旋轉、速度、落點，主動應變：

高水準運動員對臺內球的技術都能做到主動應變。他們能用推擠、突擊、撇、半推半搓和晃接等技術，對付各種旋轉和變化的來球，能夠在臺內擊球後形成積極上手和主動相持的局面。

二、掌握控制與反控制的主動權

乒乓球屬於技能類的運動項目，技術因素在比賽中占主導地位，臺內球技術尤為如此。

一方面運動員要對得分制勝起關鍵作用的特技進行反覆練習，做到精益求精；另一方面由於現代乒乓球比賽中主動與被動是交替出現的，攻與防的技術也經常處在不斷的變化之中，所以，競賽的雙方對控制與反控制技術的掌握就顯得尤為重要。

隨著乒乓球運動的發展，比賽中臺內球的控制與反控制也日趨激烈。上個世紀的六七十年代，臺內球的控制一般都是搓，進而使用擺短；對方運動員在搶先上手困難的情況下，也以搓、擺進行反控制，臺內球的技術求穩者居多。

到 70 年代末 80 年代初出現了挑打技術，使雙方在臺內球的控制與反控制中增加了進攻的成分。以後為了更有效地擺脫對方發球後對臺內的控制，又開創了正手撇、晃和半推半搓等高難度的技術動作。

現在許多高水準的運動員在比賽中都運用這些技術搶先上手，橫拍運動員還有反手挑、彈打、快拉快撕等技術。這些技術在歐洲選手中表現得尤為突出。

此外，歐洲運動員還豐富了第二板的接發球技術，這對控制對方的發球搶攻銜接和進攻對方有利。如果發球方在第三板不能進攻的情況下，而用反控制的技術來對付第四板時，接發球方可實施積極主動的進攻。

綜上所述，當代乒乓球臺內球技術的發展和運用有如下特徵：

（一）全面強化正手技術的使用範圍

著重側身接臺內球的處理和提高回球的落點控制，以加強主動性和應變的能力，達到積極控制和積極反控制的目的。在中國以往的訓練中，臺內接發球趨於保守，無論是哪一種打法，多以反手搓一板或快擺短球後伺機搶攻、搶沖。

以瓦爾德內爾為代表的歐洲選手開創了以側身正手接發球的晃、挑、拉為主要技術，配合擺短，有效地制約了發球方的第三板搶攻技術。而接發球方接發球後，身體已趨於側身位置時，只要對方回球質量不高，就可以全臺用正手搶攻或反拉、反沖。

側身正手接發球的優點在於，當側身用正手接球時，發球方很自然地要防備對手的進攻，站位就會稍往中間一些，而一旦發現對方用晃接或劈長時，再側身搶

攻就失去了最佳時機，陷入被動搶拉的局面，從而給對手的反拉、反沖有機可乘。

(二) 搶先上手

主動使用挑、點、撇、半推半搓等上手技術，形成上旋球的進攻態勢，積極擺脫對方的控制進行拼搶。

如法國乒乓球運動員蓋亭，他吸收了中國運動員的短打技術，創造了以正手動作小、出手快、擅長搶拉上旋球為特點的技術。

而比利時的塞弗則在運用短球技術的基礎上善於拉沖出臺球，以全面正手搶拉的技術而著稱。

(三) 提高主動的意識

現代乒乓球技術和技能正朝著快速、凶狠的方向發展。無論是作為主體的近臺、中臺、遠臺的正反手攻、拉技術，還是細膩多變的臺內球技術，競爭都十分激烈。比賽從發球開始，如果說發球方的發球對接發球方是第一控制的話，那麼，接發球方面對高質量的來球，特別是近網、旋轉、低迷的來球就成為第二控制，或者稱為反控制。

對發、接球的雙方來講，都應積極考慮如何能積極主動上手，並具有進攻的意識回擊對手。雙方從發球到接發球以及相持球都要體現出搶先上手、力爭主動進攻的意識。發球與接發球是一對矛盾，發球方可以憑主觀

意圖及技術能力來決定發球，從而達到控制對方的目的；而接發球方則要判斷與分析對方的意圖，以及根據球的旋轉、落點、速度等因素來決定回擊的技術。

接發球方既受控於對方的發球，又要爭取控制對方的一板搶攻來爭取主動或相持。因此，如果能有效地接好發球，遏制或化解對方發搶的主動優勢，那麼，取勝的可能性就會大大增加。

三、積極開發比賽中的攻擊點

初時，臺內球技術是以下旋的搓、擺為主，攻擊的搶點時間多為球的下降前期或高點期；從 20 世紀 80 年代起，運用了一般上旋的挑，攻擊的搶點時間提前到球的上升期；到 90 年代隨著臺內球技術的創新和演變，對攻擊搶點的技術更為全面。

不僅攻擊的搶點時間提前至球的上升前期，在攻擊的區域和方位上也從單一的左（右）方近臺，發展到全臺全方位地發起攻擊。因此，運動員都要力爭在最短的時間裡，以最小的動作、最集中的精力，用旋轉去抵消旋轉，或擺短，或拼搶。

尤其是擺短技術，原來能做到擺得短、擺得低就是好的技術，而現在還要掌握擺得轉、落點分散的技術，為的是盡量不讓對手搶先上手，以爭取下一板的更多攻擊點。

由此可見，臺內球技術從最初的搓、挑，發展到撇、晃劈、半推半搓、搶點等，都是為了尋求技戰術上的積極主動、更合理更科學的攻擊點。

自第 43 屆世乒賽以來，中國選手在臺內球技術的運用上有了較大的發展和提高，由原來落後於歐洲乒乓球選手的技術水準，逐漸發展到與他們不相上下，進而達到現在與之相抗衡的程度，且在技戰術上更高一籌，這是中國乒乓球界科學研究的豐碩成果。

臺內球的技術要素

一、落點意識的建立

　　乒乓球的落點是指將球擊到對方臺面的著臺點。從球拍觸球的擊球點到著臺點之間的連線稱為擊球線路。對方擊到本方臺面相對密集的擊球落點區（或擊球線路區）叫擊球區域。

　　落點意識是指運動員對球落點的認識和信念，對落點技術的掌握與運用的態度和能力。有落點意識的球員才能很好地掌握和運用臺內球的技術。

　　落點意識的培養可以在「變線」和「長短」訓練中進行。「變線」即在本方球臺的左方、右方或中間，用相應的臺內球技術進行變線。無論是斜變直、直變斜或變中，都能夠迫使對方不得不改變或調整擊球的位置。

　　比如接對方側身打過來的斜線短球後，還擊一個直線長球，或者還擊一個大斜線的底線長球，這樣可以擴大對方的移動範圍，增加其擊球難度，起到調控對方的作用。突然變線可以偷襲對方的空檔而直接得分。高水準的運動員在變線時還有「真變」和「假變」之分，以掩蓋其真正的擊球目的，從而出奇制勝。

　　「長短」分同線長短（同一條擊球線路上的落點長

短變化）和異線長短（不同擊球線路上落點長短的變化），如左長右短、右長左短等。

由落點的遠近和方向的變化，調動對方左右前後的移動範圍和加大讓位難度，同時也能增加對方的判斷難度，達到積極的戰術效果。

臺內球技術的落點意識，首先表現在技術調控上，無論運用什麼技術，在還擊不同性能的短球時，都必須具有主動調節速度、力量、旋轉的變化和擊球動作的意識，並在實施擊球動作時對力量進行調控。建立落點意識時有以下幾點具體要求：

1. 發　力

根據來球的情況，及時調節自己的發力。對來球稍高的、發力大一些的搓、擺過來的下旋球，以主動發力為主；對旋轉力較弱或相對不轉的球，要結合打摩發力；對帶有側上旋的來球，則可向側撇或借力等等。

2. 拍　形

針對來球旋轉的變化和高低，及時調節拍形的角度和方向。通常在來球低或帶有強力下旋時，拍形要後仰些；來球不轉或與球網差不多高時，拍形可垂直些；來球上旋或稍高於球網時，拍形可稍前傾。

對帶有左右側旋的來球，拍形調節的方向和旋轉性能則相反。即對左側身的來球，拍面的方向應向右些；

弧圈球與臺內球

78

對右側旋的來球，拍面方向應向左些。

3. 手腕和手指

乒乓球的技術動作都要體現出人體的臂、腰、腿發力的協調配合，並且由手腕及手指的技能作用於球拍。尤其是臺內球技術，手腕和手指的技能對來球的性能最為敏感。無論是擺、挑、點、拉、撇等技術，都要用手腕和手指的動作技能去完成。

二、旋轉的變化

旋轉是乒乓球重要的技術因素之一。隨著乒乓球球拍的不斷開發與更新，旋轉這一因素也越來越引起人們的重視。儘管由於運動員身體和球臺空間的局限性，臺內球技術不如中、遠臺技術製造的旋轉強烈，但臺內球旋轉的強弱和變化，對於整體技術和戰術的需要同樣重要。以臺內接發球為例，無論在單打或雙打比賽中，對方發球基本上都以短球為主，運動員可由前臂、手腕及手指的技能調節和拍形的變化，機動靈活地運用快搓加轉、快捅底線不轉的長球、撇大角的側轉、快挑快拉的各種落點的小上旋、在擺短中製造轉與不轉、搓撐左右側旋等臺內球技術。

特別是直握拍的運動員，在手腕前臂的動作幅度、手腕的靈活性及拍形的變化上，較之橫握拍的選手更有

臺
內
球
技
術

79

優勢，可用多種靈巧、精細的技術手法製造和變化旋轉，給對方的判斷和搶攻增加難度。

與橫握拍相比較，直握拍的選手既具有橫握拍選手的全部技術動作，還有橫握拍選手所沒有的多變技術。

中國的世界冠軍劉國梁是這方面最出色的能手。他對臺內球技術的運用有獨到之處，不僅能搓、擺、挑、點及反手攻、拉，而且還能搓撇、直拍橫打，從而在接發球的環節上往往占據了主動。

三、力量的調節

當代乒乓球運動的技術都是由力量體現出來的，要加快球的速度和增強球的旋轉，必須以力量為基礎，用力的大小則是以調整球的飛行弧線和控制落點的變化為前提。運用臺內球技術時要求運動員身體前迎，手臂伸向臺內，技術動作是在快速的瞬間，以前臂、手腕和手指的發力為主，撞擊或擦擊而完成，要求用力更精確。來球越低、越近網，越應充分發揮前臂和手腕、手指的技能作用。

人體的手腕和手指是上肢活動功能中活動範圍最小但最敏感的部位。乒乓球技術的完善，如瞬間力量、方向及旋轉的變化等，大都是透過它們來實現的。

腕、指的活動首先是輔助前臂，起到對力量、速度和對球的摩擦力變化的調控作用。其次是合理支配精確

的觸球部位、擊球的方向、路線和落點的變化，其中手指還可起到調節拍形的角度、輔助前臂用力，使擊球動作更為協調的作用。

此外，在平時的訓練中必須培養運動員靈敏的球感意識，這樣才能在擊球瞬間正確地發力。

四、提高擊球速度的要點

爭取臺內球的積極主動，離不開「快上手」。臺內球技術的擊球速度，是指本方擊球瞬間和球的飛行時間（見圖１中的 b—c 段和 c—d 段）的長短。為了提高擊球速度有如下幾點要求：

1.在上升期擊球時，要有利於擊出短球和較大角度的球。現代乒乓球比賽中高水準運動員的臺內接發球，已從過去在下降期或高點期擊球逐漸前移到上升期擊球。當入臺球彈起來時，快速判斷來球的旋轉性能，在最短的時間內，以最小的動作和最集中的力量去抵消球的旋轉，同時採用相應的技術進行回擊。

2.縮短球的飛行時間，壓低弧線也是提高速度的重要手段。使球適當上旋加轉，提高球速，特別是在來球低且近網的情況下，製造必要的上旋，是臺內球主動發力以加快球的飛行速度的基本方法和前提。現在運用「挑」的技術使球形成上旋比搓接快速，而「撇」「晃」「半推半搓」等技術都是在相對的高點位置擊

臺內球技術

81

球，達到既壓低弧線又提高速度的效果。

此外，選擇較高的擊球位置，適當增加向前的擺速和壓低弧線，有利於加力擊球，縮短球的飛行時間和提高球的飛行速度。提高臺內球的速度可歸納為如下要點：

● 適當壓低弧線。

● 選擇較高的擊球位置。

● 使球適當地上旋加轉。

● 加快球的飛行速度，來球越低、越快、越近網，動作越應小，越應充分發揮前臂、手腕及手指的技能作用。

● 提高動作速度，包括反應速度、揮拍速度，並迅速還擊。

五、控制弧線的關鍵

臺內球技術由於受到球網、球臺的限制，擊球時必須創造出合適的飛行弧線，才能合理地使球過網落到對方的臺內。乒乓球的弧線是由弧線的長度、曲度、方向和打出的距離等因素組成。其中控制弧線的曲度最為重要，其次是控制打出的距離。為了使球過網，必須根據來球的情況，創造出不同的弧線曲度，這要通過調整拍形的角度、控制擊球時間和發力的方向等來完成。

拍形角度越後仰，擊球部位也越低；拍形角度越前

弧圈球與臺內球

82

傾，則擊球部位也相對升高。擊球時應以摩擦為主，減小向前打擊的力量，縮短打出的距離。為此，針對短而低的臺內球要適當提高弧線的曲度，球下旋越強，越要提高弧線的曲度，以免球下網。

不同的臺內球技術由於擊球時間的差異，對弧線的要求也不一樣。在上升期擊球時，因來球有較強的反彈力，故擊球弧線的曲度不宜過大，打出的距離要短；在高點期擊球時，由於擊球點接近網高或稍高於網，此時只要有一定的弧線曲度就可以了，但應注意控制打出的距離；在下降期擊球時，往往擊球點低於網，此時必須加大弧線的曲度，適當增長打出的距離。

高水準的選手在處理臺內球時，往往能利用擺、挑、點、撇等高難度技術，把飛行的弧線調整到十分精確和完美的地步。在來球短而低（近似擦網而過），並有各種旋轉變化的情況下，往往能找準弧線中的最高點處上手。如瑞典的瓦爾德內爾、佩爾森，韓國的金擇洙，中國的劉國梁、孔令輝、王勵勤、馬林等優秀運動員，都具有高質量的臺內擊球技術和調整弧線的能力，擊球的命中率很高。

臺內球技術動作要領

近些年來，由於各國對臺內球的種類和小球技術的不斷研究和創新，使臺內球的技術質量不斷提升，其內容也越來越豐富。例如：過渡技術有搓、擋、推、快帶；主動上手有點、拉、挑（撥）、撇、擰等；控制和干擾的技術有劈長、擺短、晃接反手位大角、快點等。在乒乓球訓練中，無論哪種類型的運動員對臺內球技、戰術的練習和掌握運用都給予高度的重視。

現將乒乓球比賽中經常使用的臺內球技術及動作要領介紹如下：

一、搓

這是回擊下旋球最常用的臺內技術。擊出的球呈下旋，比較穩健，可搓短、搓長，並兼有旋轉和落點的變化。搓球多作為過渡技術，搓後可尋找上手和進攻的時機。

反手快搓的要領

站位近臺，引拍幅度較小，手臂自然彎曲並內旋，使拍形稍後仰，前臂將球拍引至身體的左上方，然後向

右前下方迎球。當來球跳至上升期時，以上臂帶動前臂、手腕向右前下方順勢擺動，並及時還原。發力主要靠手臂帶動手腕的前切，身體的重心也從左腳移至右腳。

正手快搓的要領

與反手快搓的要領基本相同，但引拍、揮拍擊球的方向相反。搓轉與不轉時可用相似的手法進行，有起到迷惑對方、增加判斷難度的作用，為本方創造更多的攻擊機會。

搓轉要加大引拍，加快接球與揮臂擊球的速度和力量，增大拍形後仰的角度，切球要「薄」，使作用力線遠離球心，增強旋轉的效果。

搓不轉的球要縮短擊球的距離，減小擊球的速度和力量，用稍後仰的拍形角度，擊球中部偏下推撞球，使作用力線接近或通過球心，形成相對的搓不轉球。

圖二為直拍反手搓，圖三為橫拍反手搓。

①

②

③

④

⑤

⑥

圖二　直拍反手搓

① ② ③ ④ ⑤ ⑥

圖三　橫拍反手搓

二、擺

擺也叫擺短。它以動作小、擊球速度快、球不出臺為特點，以求達到弧線低、落點短、出現球過網後不大向前「走」的效果，給對方的搶攻、搶拉、搶沖等製造障礙。

擺是通常用來對付近網的下旋來球的一種技術。

擺短的動作要領

它與快搓大體相似。但回球更快些，落點也更短些，擊球是在來球的上升前期。運用擺短一定要根據對方來球的性能，及時調整拍形的角度，加快擊球的時間。

擊球時，手腕要相對固定，以前臂發力為主，擊球點要儘可能靠近身體。主要借助於來球的反彈力，給球一個向下的力（形成合力）。

注意向下用力不要前送，身體重心要迎前（擊球時有緩衝的感覺），使球產生快、短、低的效果。

圖四為直拍反手擺，圖五為橫拍反手擺。

①　　　　　　　②

③　　　　　　　④

⑤　　　　　　　⑥

圖四　直拍反手擺

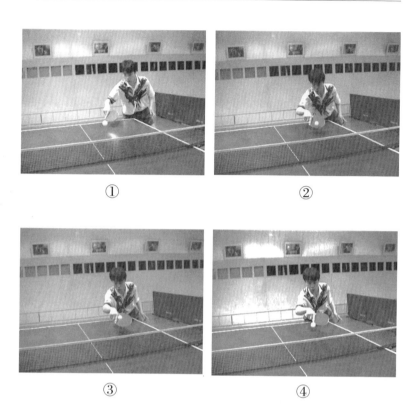

①　　　　　　　　　　②

③　　　　　　　　　　④

⑤　　　　　　　　　　⑥

弧圈球與臺內球

90

圖五　橫拍反手擺

三、切

切即推下旋。是對上旋來球用推下旋來改變旋轉的性能，其特點是弧線較低，落點稍長，球落臺後有下沉，可造成對方進攻的困難和回球下網。

推下旋站位近臺，引拍時手臂做內旋使拍形稍後仰，上臂後引、前臂外旋，將球拍引至前上方，手臂靠近身體以利於控制手上的感覺；迎球時手臂、手腕向前下方摩擦，上臂、前臂、手腕同時向前下方用力推切；擊球後手臂、手腕繼續向前下方順勢擺動，身體姿勢迅速還原，發力主要以前臂為主，身體重心落在兩腿。

圖六為直拍反手切，圖七為橫拍反手切。

四、擰

擰是在正反手快搓技術的基礎上發展起來的。它除了具有搓球的特點外，球還會在著臺後向左側（或右側）反彈，給對手製造更大的回擊難度。

擰以反手擰球為主，在擊球時拍形後仰，加大手腕、手指的內旋強度，摩擦球的中下部，動作小而短促，發力集中。反手擰時，前臂迎前，手腕和手指觸球的瞬間，手指向右前下方用力，似同擰毛巾的動作，擊球後順勢擺動。主要發力部位與快搓技術相同。

圖八為直拍反手擰，圖九為橫拍反手擰。

①

②

③

④

⑤

⑥

圖六　直拍反手切

①　　　　　　②

③　　　　　　④

⑤　　　　　　⑥

圖七　橫拍反手切

① ②

③ ④

⑤ ⑥

圖八　直拍反手擰

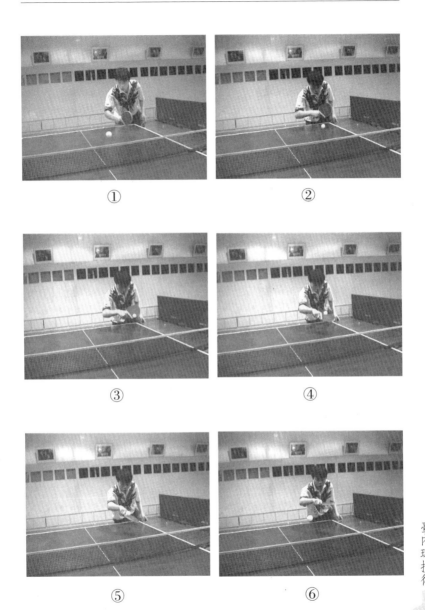

①   ②

③   ④

⑤   ⑥

圖九　橫拍反手撆

五、點

點是還擊近網球爭取主動的一種正手進攻性技術，其特點是動作小、球速快、突發性強，使對方措手不及，防不勝防。

擊球時迅速上前，站位近臺，手臂自然彎曲並伸入臺內，一般在高點期擊球。根據來球的性質和旋轉的程度，對下旋較強的來球拍形稍後仰、擊球中下部，前臂和手腕向前上方發力為主；對下旋弱的來球拍面應垂直，擊球中部，前臂和手腕以向前發力為主，並稍帶向上用力；若上旋或側上旋的來球拍形稍前傾，擊球中上部，前臂和手腕以向前發力為主。

擊球後有順勢擺臂的小動作，並迅速還原，身體重心放在擊球迎前上步的腿上。

圖十為直拍正手點，圖十一為橫拍正手點。

①

②

③

④

⑤

⑥

圖十　直拍正手點

圖十一　橫拍正手點

六、挑

對付側上旋或下旋較弱的來球時，以正手快挑的手法回接。運用正手快挑正手位和中間位的短球，並伴有落點變化，有利於接發球、控制球後變被動為主動。挑球動作的要領與快點技術相似，也具有動作小、出手突然和主動意識強的特點。

挑球時要求擊球者的身體上前要快，動作要小，前臂前伸帶動手腕、手指，做快速旋內，以前臂發力為主，上臂適當靠近身體，重心略向前傾，以增加擊球感的準確性。擊球時間在球的上升後期，擊球的中下部或下部，擊球瞬間動作要快，擊球後同樣有順勢小動作的揮擺，並迅速還原。

此外，挑球時要根據來球旋轉的性能，處理好摩擦和撞擊的關係。

圖十二為直拍正手挑，圖十三為橫拍正手挑。

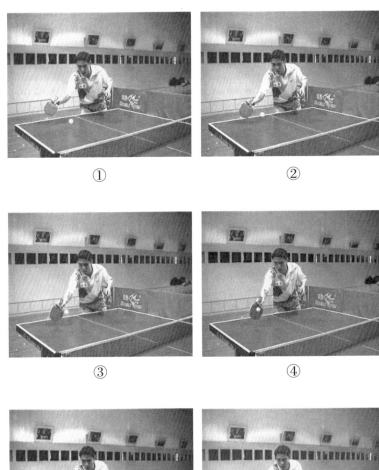

① ②

③ ④

⑤ ⑥

圖十二　直拍正手跳

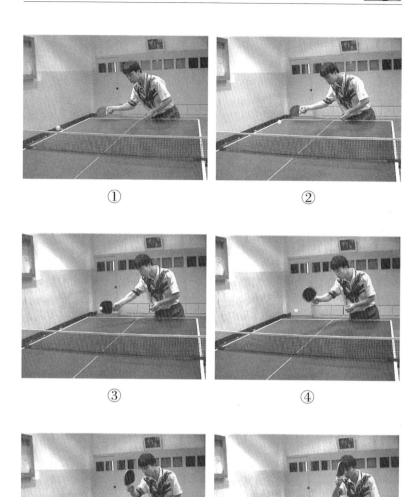

①　　　　　　②

③　　　　　　④

⑤　　　　　　⑥

圖十三　橫拍正手挑

七、撇

也叫滑板。用球拍撇球，使球成側旋右拐或左拐飛行。撇球技術的特徵是隱蔽性強，常以先打斜線（或直線）的動作和拍面的方向迷惑對方，但擊球時突然改變揮拍的方向，變成逢直撇斜或逢斜撇直的向前飛行，以達到襲擊對方空檔的目的。接球者在回擊正（反）手位或中路近網稍帶下旋的短球時，右腿同時迎向來球的落點，身體重心向前，拍形稍後仰，手腕旋外，拍面方向外展。用前臂、手腕和手指從右向左側下旋撇擺，擊球上升後期或高點期，撇球側中部或側下部，下肢、腰腹和上臂也隨之協調用力。

圖十四為直拍正手撇，圖十五為橫拍反手撇。

八、劈

擊球的弧線直而急、角度大、落點往往在對方的端線附近，擊球時觸球的中部並向中下部摩擦，在摩擦中給球適當的撞擊力，使球產生足夠的前沖速度。其次擊球時以前臂發力為主，用力向前下方劈擊，發力要集中，好似用手握菜刀左右兩側砍東西時的那種用力感覺。劈長的動作幅度比擺短、快搓要大些。

圖十六為直拍正手劈，圖十七為橫拍正手劈。

①

②

③

④

⑤

⑥

圖十四　直拍正手撇

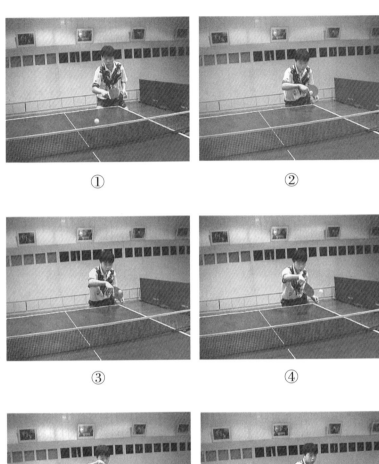

① ②

③ ④

⑤ ⑥

圖十五　橫拍反手撇

① ②

③ ④

⑤ ⑥

圖十六　直拍正手劈

①

②

③

④

⑤

⑥

圖十七　橫拍正手劈

九、晃　接

　　正手（反手）晃接技術，是指接發球者借助身體的虛晃動作來迷惑對方的一種技術。其特點是比搓球快，比挑球穩，可造成對方判斷的錯誤，同時使對方來不及側身搶攻，即使側身搶攻也不能充分發力，從而給本方創造有利的戰機。

　　在對付左方位或中間位的側上、側下旋短球時，用半推半搓的手法結合正手側身晃接的技術，把球回擊到對方反手大角。在來球的上升期擊球時，適當調節拍形的角度和用力的方向，出手動作稍加快。

　　圖十八為直拍正手晃接，圖十九為橫拍正手晃接。

①

②

③

④　　　　　　　　　　　　⑤

圖十八　直拍正手晃接

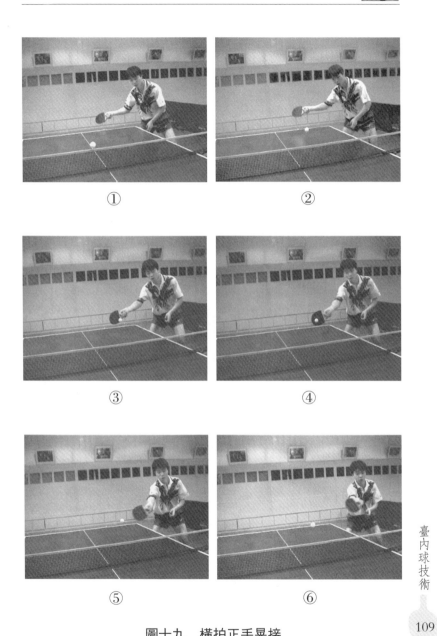

①　　　　　　　　②

③　　　　　　　　④

⑤　　　　　　　　⑥

圖十九　橫拍正手晃接

以上是幾種臺內球的技術動作圖片示範。由於臺內球是一項難度大，且動作結構精細的技術，其動作的細微差別、尤其是手腕手指的動作差別有時很難用圖片表示清楚，故還需練習者要多看錄影、多看比賽並細心揣摩，這樣才能更好地掌握臺內球技術。

臺內球技術的練習方法

　　乒乓球臺內球技術的運用反映了運動員搶先上手的意識和實戰的能力，特別是前三板中的接發球技、戰術的發揮，大部分取決於臺內球技術的掌握與運用。

　　在乒乓球技術中，由於臺內球技術是「高難度」的技術，運動員在臺內擊球受到「時間、空間」的局限，不可能像出臺球那樣充分發揮身體及手臂的整體作用和施展擊球的力量、速度和旋轉。因而從某種意義上說，臺內球更應在多變和落點上下工夫，體現出「小、巧、靈」的特點。

一、初學階段

　　本階段的主要任務是熟悉球性，明確各種技術概念，體驗動作要領，粗略地掌握擊球動作。教學中可先安排一些熟悉球性的練習，使運動員獲得一定的球感，了解臺內球的技術和特點，為學習與掌握各種臺內球的技術打下基礎。

1.建立概念

　　教學和練習的開始階段，透過講解、示範、錄影觀

摩，以及不斷地實踐練習和體驗，在運動員的大腦中建立一個完整的和正確的動作概念。然後再做好上臺前的徒手揮拍和步法的練習，這有利於運動員在學習中較快地掌握動作要領和糾正錯誤動作。

2. 臺上練習

練習臺內球要具備一定的攻、推、拉、搓的技術基礎，在正確、熟練掌握徒手的步法和揮拍動作的前提下，進行上臺練習。練習方法可根據不同技術特點與作用，進行各種臺內單個技術的多球練習，並逐步過渡到兩人對練，從而提高技術的運用能力。

此外，練習時要由易到難、由簡單到複雜、由單一技術到複合技術，逐步地掌握和提高練習動作的質量。

二、提高與鞏固階段

練習臺內球，尤其是在接發球的運用上，在練習中力爭做到「意識領先」只有具備「超前」的主動意識，積極搶先上手，才能在訓練和比賽中根據不同情況，果斷採用各種有效的手段和應變的手法，使用相應的臺內球技術。同時在技術上才有可能做到「無懈可擊」，在比賽中掌握主動權。臺內球技術的重點體現在接發球上，運動員一定要搞清楚練什麼？怎麼練？接發球的練習要安排專門的練習內容，在反覆練習中使運動員對觸

球的瞬間有「心領神會」的感覺，並在訓練中有意識地練習臺內各種小球的上手技術及控制球的技術。

三、練習方法

（一）單個技術的練習

根據臺內球技術的難易程度逐個區分練習。開始多半採用多球練習為主，待技術成形、熟練後逐步轉向單球練習。

1. 接下旋球擺短（甲方發下旋球，乙方練習擺短），要求球入臺後至少兩跳以上及入臺後帶有回跳現象。

2. 接下旋球快點（甲方發下旋或不轉球至球臺右方或中路近網處，乙方正手練習快點），要求上步伸臂快速迎球點擊。

3. 接下旋球挑（甲方發下旋球至球臺右方或中路近網處，乙方正手練習挑），要求上步伸臂、快速迎球挑打。

4. 接下旋球撇（甲方發下旋球至球臺左方近網處，乙方用反手練習撇），回球要求短而轉，入臺後有側向回跳的現象。

5. 接側下旋球半推半搓（甲方發側下旋至球臺偏中處，乙方側身用正手半推半搓晃接），要求結合身體的晃動快速擊球。

6.多球練習時可由教練員擔任送（餵）球，運動員輪流回擊，邊練邊糾正錯誤動作。也可由發球好的運動員用多球直接發球進行練習。

(二) 線路變化的練習

1.臺內擊斜線球的練習，擊球瞬間用手腕旋內，拍面向左斜線擊球。

2.臺內擊直線球的練習，擊球瞬間用手腕外展，拍面向左直線擊球。

3.臺內斜、直線球的交叉練習，從有規律的一斜一直過渡到無規律的斜、直交叉擊球。

(三) 落點變化的練習

1.同線的長短球練習，先上前回擊一個右方（或左方）的臺內短球，再退後回擊一個底線右方（或左方）的長球。反覆練習。

2.異線的長短球練習，先上前回擊一個右方（或左方）的臺內短球，再退後回擊一個底線左方（或右方）的長球。這些內容反覆練習。

四、練習時的注意事項

1.運動員根據來球的性質和難度、臺內球技術的多種方式，結合技、戰術和本身打法的需要，靈活採用。

接發球的訓練一定要安排專門的時間練習，在反覆練習中逐個解決難練的動作，使握拍手的手腕和手指能協調配合發力，盡力做到對擊球的瞬間感覺「心領神會、融會貫通」。

2.採用擺短、點、挑、撇、半推半搓等臺內球技術，回擊的落點、重點都要在近網左右兩個小三角區域附近（圖二十），回球的弧線要低而短。

3.臺內球單個技術基本熟練後，就應從來球的質量與難度入手，增加來球的旋轉強度和落點的難度練習，以提高回球的質量，逐步與比賽的實戰情況密切結合，從單個技術轉向複合技術，最後轉到戰術需要的組合技術，增加練習的廣度和深度。

4.強化和完善手腕與手指的功能。利用雙臂的屈伸，重複而緩慢地舉重物（如啞鈴、實心球等），或練習握力器，來加強手腕和手指的力量。

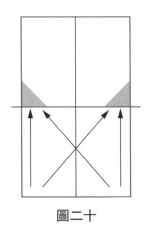

圖二十

臺內球技術的重要性及在比賽中的運用

一、臺內球技術的積極主動性

從 20 世紀 90 年代以來，乒乓球運動中的臺內球技術得到不斷地發展，增強了全方位進攻的意識和能力，並出現了挑打、晃接和搶拉等技術。尤其馬林、王皓的反手反面技術明顯地表現出了優勢，不僅進攻的時機準確，而且手段多樣，既有正手的發力挑，又有反手的挑推和側挑。

實踐證明，在高水準比賽中，臺內陣地爭奪與拼搶如能頻頻得手，往往會給對手造成極大的心理壓力，使其回擊球質量下降，從而使自己正手搶拉搶攻技術得到更好的發揮。

如何提高運動員臺內球技術的搶攻能力，在乒乓球訓練中有計劃、有目的、有意識地練好臺內球技術，是值得關注和研究的新課題。

臺內球是乒乓球技、戰術的一個組成部分。如果在比賽中能熟練地運用其主要技術，那麼，就能破壞對方的進攻，為自己的主動上手和進攻創造有利的戰機，並

贏得勝利。

反之，若是臺內球的技術較差，就會出現被動挨打的局面，引起心理上的恐懼，造成一連串的失誤，最終導致失敗。因此，提升乒乓球運動員臺內球的技能就顯得十分重要。

當代乒乓球運動的發展趨勢是朝著快速、凶狠、積極主動的方向發展，前三板的積極主動、先發制人不僅體現在發球搶攻方面，也應體現在搶先上手、力爭主動的接發球方面。

從現今國內外的乒乓球大賽來看，發球仍然是以短球為主，長球只作配合。針對這種現狀，接發球的重點應放在接好短球上，並力求以正手回擊，在這個過程中務必要體現主動性。要更新觀念，樹立主動意識，改變原有的模式，增加正手使用率。

在正手位、中間位上運用快挑、快點，打活落點，以利於打開新的進攻局面。在反手位上要大膽運用側身正手撇、晃接等技術，利用身體做掩護，用半推半搓的手法回擊至對方的反手位大角，使對方難以側身搶攻或降低進攻的質量、或放棄進攻的企圖，為本方的進攻創造更多的戰機。

乒乓球運動員在樹立臺內球的主動和控制意識，以及提高相應技術質量和運用能力時，應密切關注臺內球的現狀，即能搶先上手的球決不控制，難以上手的球要想法控制，做到心中有數。並注意在變化和落點上下工

夫，以體現其「小、巧、靈」的特點。

具體要做到如下幾方面：

第一，思想要高度集中，加強對來球的速度、旋轉和落點的判斷能力。

第二，根據自身的技術特長及打法風格，要特別突出臺內球的主要技術。

第三，重視和加強全方位的步法練習，特別是前後步法移動的練習，注意整體動作的協調性。

第四，在比賽實戰中，運動員要學會調控自身的心理狀態和情緒。

二、臺內球技術的運用

(一) 發短球技術

優秀的乒乓球運動員之所以能在世界大賽中取得優異成績，高超的發球技術是主要因素之一。例如，發高質量的短球離不開旋轉、速度、弧線及落點的組合和變化；發臺內近網的低短球，則能限制對方擊球的「時空」，使對方只能在短暫的反彈時間內用較小的動作幅度進行回接。為此，發球時應注意和把握以下幾點：

1.擊球前手臂要放鬆，使手腕有較大的靈活性，利於發揮前臂、手腕與手指的力量和加快球拍擊球時的擺速。

2.引拍時手臂與身體要適當拉開距離，使整體動作

舒展，以便充分發揮摩擦。

3.擊球的位置要恰當。在拋球下降的不同時刻擊球，所發出球的效果也不一樣；運動員的技術特點不同，擊球的位置總有一個最佳點，但一般都在腰部上下，要一定能「吃」住球。

4.擊球的部位要準確。一組好的發球，要求上旋、下旋或不轉球的旋轉反差要大，手法要相似。這樣，發出的球易迷惑對方，效果也好。

5.球拍觸球時出手動作一定要快，發力和摩擦合理，發上旋球的弧線要低，與下旋球接近，既可迷惑對方，又能牽制對方的進攻。

6.短球的第一落點應靠近球網的中區附近，要準確、穩定，這樣才能使球的第二落點落在對方的近網區。值得指出的是，在發短球時一定要配合長球才能擾亂對方，構成威脅。

（二）臺內球的擊長與回短

如前所述，在以往的比賽訓練中，運動員對臺內的接發球往往趨於保守，反手位來球多以搓、擺、回短為主，很少有挑打和半推半搓的進攻意識和膽略。隨著乒乓球運動的發展，現在提倡接短球的技術不僅僅是搓、擺，而且用點挑、劈長、晃接、半推半搓等更加積極主動的技術，以提高接球的主動性和控制能力。

在接發球技術的運用上，要以運動員掌握的臺內球

臺內球技術

119

的基本技術和本人的特長技術為基礎，對接發球技術實行優化組合，如快挑與快擺結合，晃接與逼長結合，搓短與搓加轉底線長球結合，擺短與劈長結合等等。

在處理臺內長短球的技術上，既要保持穩定性，又要體現它的靈活性。

例如，中國握直拍快攻運動員劉國梁，在接短球時能充分利用快擺短、點、挑長等技術，控制了對方的發球搶攻與搶拉。再如直拍快攻與結合弧圈技術打法的馬林，透由擺短、快拉、推擠等技術的運用，往往能使他及時地擺脫對方的鉗制而轉為攻拉上手。

又如，瑞典的瓦爾德內爾、佩爾森等優秀運動員，都能以側身正手晃接、挑、拉長線為主要手法，配合側身正手擺短，有效地遏制了發球方的第三板進攻，此時，如果對方的回球質量不高的話，那麼，就可以全臺用正手搶攻或反拉。

歐洲橫拍打法凶狠的蓋亭、塞弗等運動員的站位靠左大角，他們盡量運用側身接發球、以及接短回短等技術尋找戰機，以便正手全方位進攻。以穩健、相持實力強著稱的白俄羅斯運動員薩姆索諾夫在接發球時，以劈底線長球為主結合擺短的技術，造成對方搶攻或拉出質量不高的弧圈球後，用正手位反拉、反帶和反手位的反撕等技術，取得主動與轉攻，並最終獲勝。

借鑒優秀運動員的臺內球技術，對今後的教學和訓練有很大的啟迪與裨益。

（三）前三板後的臺內球銜接

20世紀80年代以前，中國運動員在乒乓球比賽中主要有前三板的優勢，靠頗具威脅的發球發起攻擊。從現在乒乓球比賽的情況來看，臺內球的戰術除圍繞進攻意識外，在技術運用上，選擇落點和角度是從左方開始的，而且多數運動員對反手位的來球使用正手技術，以左方和臺內為主展開爭搶，爾後攻防的轉換還是從左方開始。隨著臺內球技術的創新和發展，歐洲的乒乓球運動員豐富了接發球技術，尤其是挑、晃、撇等技術的運用，使對手發球後的第三板不易側身搶攻（拉），或搶攻（拉）的質量不高從而形成相持。所以，第三板在發搶受阻的情況下，運用臺內球技術就要講究控制對方的第四板。

同樣，接發球方如果接發球時接發搶受阻，也要考慮第四板的臺內球反控制技術。

前三板後的銜接必須引起高度重視。這關係到進入相持階段時，是處於主動的還是被動的地位，直接影響到比賽的進程和結果。以橫拍弧圈型打法為例，接發球以後的銜接可有以下幾種組合：

1.接發球擺短後，對方挑起來時，用正、反手快拉和快撕相銜接。

2.接發球擺短後，對方回擺，用正、反手挑打起來後進入相持階段。

臺內球技術

121

3.接發球挑後，用正、反手快拉、快撕的技術。

4.接發球加轉、搓長後，用正、反手反拉、反沖或反手快壓技術。

5.接發球快撇後，用正、反手搓拉技術。

接發球技術的好與差主要取決於擊球動作連接的速度和熟練程度。擊球動作連接得越熟練，其速度也越快，運用的技術也越多，也就能在相持階段中占據主動。

大展出版社有限公司
品冠文化出版社　圖書目錄

地址：台北市北投區(石牌)　　　電話：(02) 28236031
　　　致遠一路二段 12 巷 1 號　　　　　　28236033
郵撥：01669551＜大展＞　　　　　　　　28233123
　　　19346241＜品冠＞　　　　傳真：(02) 28272069

・熱 門 新 知・品冠編號 67

1. 圖解基因與 DNA 　　　（精）　中原英臣主編　230 元
2. 圖解人體的神奇　　　（精）　米山公啟主編　230 元
3. 圖解腦與心的構造　　（精）　永田和哉主編　230 元
4. 圖解科學的神奇　　　（精）　鳥海光弘主編　230 元
5. 圖解數學的神奇　　　（精）　　柳 谷 晃著　250 元
6. 圖解基因操作　　　　（精）　海老原充主編　230 元
7. 圖解後基因組　　　　（精）　　才園哲人著　230 元
8. 圖解再生醫療的構造與未來　　才園哲人著　230 元
9. 圖解保護身體的免疫構造　　　才園哲人著　230 元

・生 活 廣 場・品冠編號 61

1. 366 天誕生星　　　　　　　　李芳黛譯　280 元
2. 366 天誕生花與誕生石　　　　李芳黛譯　280 元
3. 科學命相　　　　　　　　　　淺野八郎著　220 元
4. 已知的他界科學　　　　　　　陳蒼杰譯　220 元
5. 開拓未來的他界科學　　　　　陳蒼杰譯　220 元
6. 世紀末變態心理犯罪檔案　　　沈永嘉譯　240 元
7. 366 天開運年鑑　　　　　　　林廷宇編著　230 元
8. 色彩學與你　　　　　　　　　野村順一著　230 元
9. 科學手相　　　　　　　　　　淺野八郎著　230 元
10. 你也能成為戀愛高手　　　　　柯富陽編著　220 元
11. 血型與十二星座　　　　　　　許淑瑛編著　230 元
12. 動物測驗─人性現形　　　　　淺野八郎著　200 元
13. 愛情、幸福完全自測　　　　　淺野八郎著　200 元
14. 輕鬆攻佔女性　　　　　　　　趙奕世編著　230 元
15. 解讀命運密碼　　　　　　　　郭宗德著　200 元
16. 由客家了解亞洲　　　　　　　高木桂藏著　220 元

・女醫師系列・品冠編號 62

1. 子宮內膜症　　　　　　　　國府田清子著　200 元
2. 子宮肌瘤　　　　　　　　　黑島淳子著　200 元

3. 上班女性的壓力症候群　　　　　池下育子著　200 元
4. 漏尿、尿失禁　　　　　　　　　中田真木著　200 元
5. 高齡生產　　　　　　　　　　　大鷹美子著　200 元
6. 子宮癌　　　　　　　　　　　　上坊敏子著　200 元
7. 避孕　　　　　　　　　　　　早乙女智子著　200 元
8. 不孕症　　　　　　　　　　　　中村春根著　200 元
9. 生理痛與生理不順　　　　　　　堀口雅子著　200 元
10. 更年期　　　　　　　　　　　　野末悅子著　200 元

・傳統民俗療法・ 品冠編號 63

1. 神奇刀療法　　　　　　　　　　潘文雄著　200 元
2. 神奇拍打療法　　　　　　　　　安在峰著　200 元
3. 神奇拔罐療法　　　　　　　　　安在峰著　200 元
4. 神奇艾灸療法　　　　　　　　　安在峰著　200 元
5. 神奇貼敷療法　　　　　　　　　安在峰著　200 元
6. 神奇薰洗療法　　　　　　　　　安在峰著　200 元
7. 神奇耳穴療法　　　　　　　　　安在峰著　200 元
8. 神奇指針療法　　　　　　　　　安在峰著　200 元
9. 神奇藥酒療法　　　　　　　　　安在峰著　200 元
10. 神奇藥茶療法　　　　　　　　　安在峰著　200 元
11. 神奇推拿療法　　　　　　　　　張貴荷著　200 元
12. 神奇止痛療法　　　　　　　　　漆　浩著　200 元
13. 神奇天然藥食物療法　　　　　　李琳編著　200 元

・常見病藥膳調養叢書・ 品冠編號 631

1. 脂肪肝四季飲食　　　　　　　　蕭守貴著　200 元
2. 高血壓四季飲食　　　　　　　　秦玖剛著　200 元
3. 慢性腎炎四季飲食　　　　　　　魏從強著　200 元
4. 高脂血症四季飲食　　　　　　　　薛輝著　200 元
5. 慢性胃炎四季飲食　　　　　　　馬秉祥著　200 元
6. 糖尿病四季飲食　　　　　　　　王耀獻著　200 元
7. 癌症四季飲食　　　　　　　　　　李忠著　200 元
8. 痛風四季飲食　　　　　　　　　魯焰主編　200 元
9. 肝炎四季飲食　　　　　　　　　王虹等著　200 元
10. 肥胖症四季飲食　　　　　　　　李偉等著　200 元
11. 膽囊炎、膽石症四季飲食　　　　謝春娥著　200 元

・彩色圖解保健・ 品冠編號 64

1. 瘦身　　　　　　　　　　　　主婦之友社　300 元
2. 腰痛　　　　　　　　　　　　主婦之友社　300 元
3. 肩膀痠痛　　　　　　　　　　主婦之友社　300 元

4.	腰、膝、腳的疼痛	主婦之友社	300 元
5.	壓力、精神疲勞	主婦之友社	300 元
6.	眼睛疲勞、視力減退	主婦之友社	300 元

·心 想 事 成· 品冠編號 65

1.	魔法愛情點心	結城莫拉著	120 元
2.	可愛手工飾品	結城莫拉著	120 元
3.	可愛打扮 & 髮型	結城莫拉著	120 元
4.	撲克牌算命	結城莫拉著	120 元

·少 年 偵 探· 品冠編號 66

1.	怪盜二十面相	（精）	江戶川亂步著	特價 189 元
2.	少年偵探團	（精）	江戶川亂步著	特價 189 元
3.	妖怪博士	（精）	江戶川亂步著	特價 189 元
4.	大金塊	（精）	江戶川亂步著	特價 230 元
5.	青銅魔人	（精）	江戶川亂步著	特價 230 元
6.	地底魔術王	（精）	江戶川亂步著	特價 230 元
7.	透明怪人	（精）	江戶川亂步著	特價 230 元
8.	怪人四十面相	（精）	江戶川亂步著	特價 230 元
9.	宇宙怪人	（精）	江戶川亂步著	特價 230 元
10.	恐怖的鐵塔王國	（精）	江戶川亂步著	特價 230 元
11.	灰色巨人	（精）	江戶川亂步著	特價 230 元
12.	海底魔術師	（精）	江戶川亂步著	特價 230 元
13.	黃金豹	（精）	江戶川亂步著	特價 230 元
14.	魔法博士	（精）	江戶川亂步著	特價 230 元
15.	馬戲怪人	（精）	江戶川亂步著	特價 230 元
16.	魔人銅鑼	（精）	江戶川亂步著	特價 230 元
17.	魔法人偶	（精）	江戶川亂步著	特價 230 元
18.	奇面城的秘密	（精）	江戶川亂步著	特價 230 元
19.	夜光人	（精）	江戶川亂步著	特價 230 元
20.	塔上的魔術師	（精）	江戶川亂步著	特價 230 元
21.	鐵人Ｑ	（精）	江戶川亂步著	特價 230 元
22.	假面恐怖王	（精）	江戶川亂步著	特價 230 元
23.	電人Ｍ	（精）	江戶川亂步著	特價 230 元
24.	二十面相的詛咒	（精）	江戶川亂步著	特價 230 元
25.	飛天二十面相	（精）	江戶川亂步著	特價 230 元
26.	黃金怪獸	（精）	江戶川亂步著	特價 230 元

·武 術 特 輯· 大展編號 10

| 1. | 陳式太極拳入門 | 馮志強編著 | 180 元 |
| 2. | 武式太極拳 | 郝少如編著 | 200 元 |

3.	中國跆拳道實戰 100 例	岳維傳著	220 元
4.	教門長拳	蕭京凌編著	150 元
5.	跆拳道	蕭京凌編譯	180 元
6.	正傳合氣道	程曉鈴譯	200 元
8.	格鬥空手道	鄭旭旭編著	200 元
9.	實用跆拳道	陳國榮編著	200 元
10.	武術初學指南	李文英、解守德編著	250 元
11.	泰國拳	陳國榮著	180 元
12.	中國式摔跤	黃 斌編著	180 元
13.	太極劍入門	李德印編著	180 元
14.	太極拳運動	運動司編	250 元
15.	太極拳譜	清·王宗岳等著	280 元
16.	散手初學	冷 峰編著	200 元
17.	南拳	朱瑞琪編著	180 元
18.	吳式太極劍	王培生著	200 元
19.	太極拳健身與技擊	王培生著	250 元
20.	秘傳武當八卦掌	狄兆龍著	250 元
21.	太極拳論譚	沈 壽著	250 元
22.	陳式太極拳技擊法	馬 虹著	250 元
23.	三十四式太極拳 三十二式太極劍	闞桂香著	180 元
24.	楊式秘傳 129 式太極長拳	張楚全著	280 元
25.	楊式太極拳架詳解	林炳堯著	280 元
26.	華佗五禽劍	劉時榮著	180 元
27.	太極拳基礎講座：基本功與簡化 24 式	李德印著	250 元
28.	武式太極拳精華	薛乃印著	200 元
29.	陳式太極拳拳理闡微	馬 虹著	350 元
30.	陳式太極拳體用全書	馬 虹著	400 元
31.	張三豐太極拳	陳占奎著	200 元
32.	中國太極推手	張 山主編	300 元
33.	48 式太極拳入門	門惠豐編著	220 元
34.	太極拳奇人奇功	嚴翰秀編著	250 元
35.	心意門秘籍	李新民編著	220 元
36.	三才門乾坤戊己功	王培生編著	220 元
37.	武式太極劍精華＋VCD	薛乃印編著	350 元
38.	楊式太極拳	傅鐘文演述	200 元
39.	陳式太極拳、劍 36 式	闞桂香編著	250 元
40.	正宗武式太極拳	薛乃印著	220 元
41.	杜元化＜太極拳正宗＞考析	王海洲等著	300 元
42.	＜珍貴版＞陳式太極拳	沈家楨著	280 元
43.	24 式太極拳＋VCD	中國國家體育總局著	350 元
44.	太極推手絕技	安在峰編著	250 元
45.	孫祿堂武學錄	孫祿堂著	300 元
46.	＜珍貴本＞陳式太極拳精選	馮志強著	280 元
47.	武當趙堡太極拳小架	鄭悟清傳授	250 元

48. 太極拳習練知識問答　　　　　　　邱丕相主編　220元
49. 八法拳　八法槍　　　　　　　　　　武世俊著　220元
50. 地趟拳＋VCD　　　　　　　　　　張憲政著　350元
51. 四十八式太極拳＋DVD　　　　　楊　靜演示　400元
52. 三十二式太極劍＋VCD　　　　　楊　靜演示　300元
53. 隨曲就伸　中國太極拳名家對話錄　余功保著　300元
54. 陳式太極拳五功八法十三勢　　　　闞桂香著　200元
55. 六合螳螂拳　　　　　　　　　　　劉敬儒等著　280元
56. 古本新探華佗五禽戲　　　　　　　劉時榮編著　180元
57. 陳式太極拳養生功＋VCD　　　　　陳正雷著　350元
58. 中國循經太極拳二十四式教程　　　李兆生著　300元
59. ＜珍貴本＞太極拳研究　　　唐豪・顧留馨著　250元
60. 武當三豐太極拳　　　　　　　　　劉嗣傳著　300元
61. 楊式太極拳體用圖解　　　　　　　崔仲三編著　400元
62. 太極十三刀　　　　　　　　　　　張耀忠編著　230元
63. 和式太極拳譜＋VCD　　　　　　　和有祿編著　450元
64. 太極內功養生術　　　　　　　　　關永年著　300元
65. 養生太極推手　　　　　　　　　黃康輝編著　280元
66. 太極推手祕傳　　　　　　　　　　安在峰編著　300元
67. 楊少侯太極拳用架真詮　　　　　　李璉編著　280元
68. 細說陰陽相濟的太極拳　　　　　　林冠澄著　350元
69. 太極內功解祕　　　　　　　　　　祝大彤編著　280元
70. 簡易太極拳健身功　　　　　　　　王建華著　200元
71. 楊氏太極拳真傳　　　　　　　　　趙斌等著　380元
72. 李子鳴傳梁式直趟八卦六十四散手掌　張全亮編著　200元
73. 炮捶　陳式太極拳第二路　　　　　顧留馨著　330元

・彩色圖解太極武術・ 大展編號102

1.　太極功夫扇　　　　　　　　　　　李德印編著　220元
2.　武當太極劍　　　　　　　　　　　李德印編著　220元
3.　楊式太極劍　　　　　　　　　　　李德印編著　220元
4.　楊式太極刀　　　　　　　　　　　王志遠著　220元
5.　二十四式太極拳(楊式)＋VCD　　　李德印編著　350元
6.　三十二式太極劍(楊式)＋VCD　　　李德印編著　350元
7.　四十二式太極劍＋VCD　　　　　　李德印編著　350元
8.　四十二式太極拳＋VCD　　　　　　李德印編著　350元
9.　16式太極拳 18式太極劍＋VCD　　崔仲三著　350元
10. 楊氏28式太極拳＋VCD　　　　　　趙幼斌著　350元
11. 楊式太極拳40式＋VCD　　　　　　宗維潔編著　350元
12. 陳式太極拳56式＋VCD　　　　　　黃康輝等著　350元
13. 吳式太極拳45式＋VCD　　　　　　宗維潔編著　350元
14. 精簡陳式太極拳8式、16式　　　　黃康輝編著　220元
15. 精簡吳式太極拳＜36式拳架・推手＞　柳恩久主編　220元

國家圖書館出版品預行編目資料

乒乓球弧圈球與臺內球／劉雅玲、陳達君、劉杰、王艷 編著
－初版－臺北市，大展，2006【民 95.01】
面；21 公分－（運動遊戲；25）
ISBN 978-957-468-428-1（平裝）

1. 桌球

528.956   94021854

乒乓球弧圈球與臺內球

編　　著／劉雅玲　陳達君　劉杰　王艷
發 行 人／蔡森明
出 版 者／大展出版社有限公司
社　　址／台北市北投區（石牌）致遠一路 2 段 12 巷 1 號
電　　話／(02) 28236031・28236033・28233123
傳　　真／(02) 28272069
郵政劃撥／01669551
網　　址／www.dah-jaan.com.tw
E-mail／service@dah-jaan.com.tw
登 記 證／局版臺業字第 2171 號
承 印 者／傳興印刷有限公司
裝　　訂／建鑫裝訂有限公司
排 版 者／弘益電腦排版有限公司
授 權 者／北京人民體育出版社
初版1刷／2006 年（民 95 年） 1 月
初版2刷／2012 年（民 101 年） 7 月　　　　　　定　價／180 元

●本書若有破損、缺頁敬請寄回本社更換●

大展好書　好書大展
品嘗好書　冠群可期

大展好書　好書大展

品嘗好書　冠群可期